U0755303

新时期医院档案管理与发展研究

汪媛媛　王思齐　陈乐　著

燕山大学出版社

2020·秦皇岛

图书在版编目（CIP）数据

新时期医院档案管理与发展研究 / 汪媛媛，王思齐，陈乐著 . —秦皇岛：燕山大学出版社，2020.11

ISBN 978-7-5761-0074-7

Ⅰ.①新… Ⅱ.①汪… ②王… ③陈… Ⅲ.①医院—档案管理—研究 Ⅳ.① G275.9

中国版本图书馆 CIP 数据核字（2020）第 205438 号

新时期医院档案管理与发展研究

汪媛媛　王思齐　陈乐　著

出 版 人：陈　玉
责任编辑：张岳洪
封面设计：刘韦希
出版发行：燕山大学出版社
　　　　　YANSHAN UNIVERSITY PRESS
地　　址：河北省秦皇岛市河北大街西段438号
邮政编码：066004
电　　话：0335-8387555
印　　刷：英格拉姆印刷(固安)有限公司
经　　销：全国新华书店

开　　本：700mm×1000mm 1/16　　印　张：13.25　　字　数：220千字
版　　次：2020年11月第1版　　印　次：2020年11月第1次印刷
书　　号：ISBN 978-7-5761-0074-7
定　　价：49.00元

版权所有　侵权必究
如发生印刷、装订质量问题，读者可与出版社联系调换
联系电话：0335-8387718

前　言

　　医院管理学作为部门管理学，同样具有自然属性和社会属性、艺术性和科学性的二重性，但是本书与其他医院管理学专著不同，没有刻意追求学科的系统性，也没有面面俱到，而是着重反映管理实践的进展。因此，书中关于医院基本现代化建设、患者安全管理、医疗工作流程优化和临床路径、数字化医院建设、医院社会工作等内容具有一定的创新性。

　　近年来，"互联网＋"上升为国家战略，迅速成为热门词。"互联网＋"是以跨界融合、协同创新、开放共享、互利共赢的精神与行动，重构流程，实现与传统行业的深度融合和创新发展。"互联网＋"浪潮正席卷华夏大地，以摧枯拉朽之势横扫几乎所有不适应新发展、新常态的工作模式、运营模式、服务模式并改变相关行业生态。"互联网＋"同样深刻影响和有效促进医疗健康领域。医院管理是一项复杂的系统工程。随着经济社会的转型、医改的持续深化和"健康中国"战略的实施，面对汹涌澎湃的"互联网＋"浪潮，熟练运用"互联网＋"思维考虑医院发展的战略定位、顶层设计、交流合作，精于利用现代信息技术改造和重构流程，推动医院管理精细化、科学化，是各级医院管理者应该必备的基本技能。

　　档案是人类社会发展到一定阶段的文明产物，是人类社会实践活动的原始记录，现如今，医院档案管理已经成为医院管理的重要组成部分，医院档案工作的重要性与日俱增。社会的发展对档案事业提出了许多新的问题和新的挑战，也向档案工作者提出了新的要求，档案工作者必须不断学习，掌握扎实的专业知识，具备良好的综合素质，才能适应医院档案工作发展的需要。

医院档案可以是作为医院机关工作的查考凭证；也可以是医院运营和管理的参考依据；还可以是医疗研究的可靠资料。所以，以发展的视角对医院档案进行研究是势在必行的。

本书由汪媛媛、王思齐、陈乐共同撰写。其中，汪媛媛10万字，王思齐5万字，陈乐5万字。

目　录

第一章　现代医院管理与创新模式

第一节　医院发展战略 ···001

一、医院发展战略思维 ··001

二、医院发展战略定位 ··005

三、医院发展战略目标 ··008

四、医院社会工作 ··011

第二节　医院基本管理制度 ···022

一、医院行政管理制度 ··022

二、人力资源部工作制度 ··024

三、医院财务部工作制度 ··025

第三节　医院管理相关法律法规 ·······································026

一、药品与医疗器械的相关法律法规 ··································026

二、医患关系相关法律法规 ··029

第四节　医院管理新模式概述 ···034

一、医院管理新模式概念与内涵 ······································034

二、医院管理新模式组织实施 ··039

第五节　医院管理新模式分类 ···043

一、医院体制建设与人力资源管理模式 ································043

二、数字化医院建设新模式 ··050

三、医院文化建设新模式 ··058

第二章 "互联网+"时代医院管理创新

第一节 信息化建设与医院管理创新 ·······066
　　一、医院信息化建设的顶层设计 ·······066
　　二、医院信息化建设中存在的问题 ·······071
　　三、信息化建设的未来 ·······073
第二节 物联网技术与医院管理创新 ·······077
　　一、医疗物联网 ·······077
　　二、智慧药房 ·······081
　　三、移动查房与移动护理 ·······083
　　四、医疗物联网的未来 ·······087
第三节 "互联网+"时代新业态 ·······089
　　一、"互联网 + 医疗健康"关键技术及应用 ·······089
　　二、"互联网 + 医疗健康"业态的创新 ·······094
第四节 "互联网+"时代医院管理创新发展 ·······098
　　一、"互联网 + 医疗健康"时代的"医院梦" ·······098
　　二、"互联网 + 医疗健康"时代的"医生梦" ·······101

第三章 医院档案之于医院管理的作用

第一节 档案管理对医院工作的重要性 ·······103
　　一、医院档案管理的重要性 ·······103
　　二、医院档案管理的分类 ·······103
　　三、医院档案管理的作用 ·······104
第二节 档案管理对医院文化建设的重要作用 ·······105
　　一、利用医院档案有助于增强医院文化软实力 ·······105
　　二、利用医院档案有助于引领医院落实人文精神 ·······105
　　三、利用医院档案有助于强化医德医风建设 ·······106
　　四、利用医院档案有助于提升医院思想政治工作 ·······106

第三节 医院档案在医院管理中的价值与地位 ·············107

一、医院档案在医院档案管理中的价值·············107

二、提升医院档案在医院档案管理中地位的途径·············108

第四节 医院档案在医院建设中的作用 ·············109

一、人事档案在医院人力资源管理中的作用·············109

二、会计档案在医院管理发展中的作用·············110

三、科技档案在医院科技发展中的作用·············110

四、设备档案在医院运营中的作用·············111

第四章 医院档案管理实务

第一节 教研室与医院实验室档案管理 ·············112

一、教研室档案·············112

二、临床实验室档案管理·············115

第二节 医院科研信息档案管理·············121

一、科技档案·············121

二、医院档案信息管理·············128

第三节 医院病历档案书写管理·············133

一、病历书写·············133

二、处方档案管理·············136

三、护理档案管理·············137

第四节 医院人事档案管理·············140

一、人事档案和人事档案工作·············140

二、医院人力资源管理的沿革·············144

第五节 医院装备档案管理·············147

一、医学装备质量档案管理·············147

二、医学装备技术档案管理·············152

第五章 医院后勤与设备档案管理

第一节 医院运输档案管理 ·······160
一、医院交通运输的概念 ·······160
二、医院交通运输的管理 ·······163
三、医院交通运输管理的发展趋势 ·······165
第二节 医院文化档案 ·······167
一、医院文化的概念 ·······167
二、医院文化的功能 ·······167
三、医院文化建设的原则 ·······168
四、医院文化的表达 ·······168
五、医院形象设计 ·······169
第三节 医院诊疗档案管理 ·······170
一、门诊管理 ·······170
二、住院诊疗管理 ·······171
三、急救医疗管理 ·······172
四、药事管理 ·······174
第四节 医院房屋建筑档案管理 ·······177
一、房地产档案含义 ·······177
二、房地产档案现代化管理手段 ·······177
三、房产管理档案的扩展 ·······177
四、房产管理制度 ·······178
五、职工集体宿舍、家属宿舍管理 ·······179
六、房产管理实施物业管理 ·······180
七、医院住房制度的改革 ·······182
第五节 医院环保档案管理 ·······183
一、医院环境保洁及管理 ·······183
二、医院水的卫生管理 ·······187

第六章　新形势下医院档案管理

第一节　新形势下医院档案管理现代化问题及相应对策 ⋯⋯⋯⋯⋯193

一、新形势下档案管理现代化的意义⋯⋯⋯⋯⋯⋯⋯⋯⋯⋯193

二、医院档案现代化管理系统的基本构成⋯⋯⋯⋯⋯⋯⋯⋯193

三、新形势下医院档案管理现代化存在的主要问题⋯⋯⋯⋯193

四、新形势下促进医院档案现代化管理的相关措施⋯⋯⋯⋯194

第二节　新医改下医院档案管理的改进方法 ⋯⋯⋯⋯⋯⋯⋯195

一、建立完善的医院档案管理制度⋯⋯⋯⋯⋯⋯⋯⋯⋯⋯⋯195

二、提升档案管理人员的专业素质⋯⋯⋯⋯⋯⋯⋯⋯⋯⋯⋯196

三、加强医院档案管理的信息化建设⋯⋯⋯⋯⋯⋯⋯⋯⋯⋯196

第三节　新形势下医院档案管理工作的新思路 ⋯⋯⋯⋯⋯⋯197

一、拓展档案服务领域⋯⋯⋯⋯⋯⋯⋯⋯⋯⋯⋯⋯⋯⋯⋯⋯197

二、加强业务培训，提升管理意识⋯⋯⋯⋯⋯⋯⋯⋯⋯⋯⋯197

三、引进现代化管理⋯⋯⋯⋯⋯⋯⋯⋯⋯⋯⋯⋯⋯⋯⋯⋯⋯197

第四节　档案管理模式改革在医院档案管理中的应用 ⋯⋯⋯198

一、对医院档案管理工作予以高度重视⋯⋯⋯⋯⋯⋯⋯⋯⋯198

二、加快健全档案管理体制⋯⋯⋯⋯⋯⋯⋯⋯⋯⋯⋯⋯⋯⋯198

三、大力开展医疗设备档案信息化与数字化管理⋯⋯⋯⋯⋯198

四、加大医院档案服务模式的更新力度⋯⋯⋯⋯⋯⋯⋯⋯⋯199

五、加强档案管理队伍建设⋯⋯⋯⋯⋯⋯⋯⋯⋯⋯⋯⋯⋯⋯199

参考文献⋯⋯⋯⋯⋯⋯⋯⋯⋯⋯⋯⋯⋯⋯⋯⋯⋯⋯⋯⋯⋯⋯⋯200

第一章 现代医院管理与创新模式

第一节 医院发展战略

一、医院发展战略思维

随着医院所面临环境的复杂多变，医院发展面临的竞争也日趋激烈，为了生存和发展，医院管理者不得不对周围的环境形势和未来的谋划进行透彻的分析，制定出自己的医院发展战略，并在医院管理实践中运用战略管理的方法，更新管理理念、创新管理体制、优化资源配置、提高管理效能。在这样的背景下，医院发展战略应运而生，并成为医院管理活动的重要内容。每一位医院管理者都会面临着医院发展的机遇、挑战和抉择，倘若医院院长还是运用惯性思维，固守着既有的阵地，固守着昔日成功的经验和优势，在知识经济发展的今天，仅通过单一手段或是只能产生短期效应的措施来管理医院，而没有从战略的高度来实现医院的持续性发展，最终只会使医院发展停顿或者落后。今天的领先者不等于明天一定领先，成功的战略制定不应忽略了不断变化的客观环境，同时也要兼顾在一定时期内的长效性。

医院的业务技术发展主要有三个层次：第一层次是医院发展的核心业务，第二层次是医院发展的新成长业务，第三层次是医院长远发展的新生业务。这三个业务层次不断递进发展，依次变化成长。一旦医院发展进入成熟期或出现衰退势头便不失时机地以新替旧，这是医院战略管理对付发展衰退的基本方法。

医院战略更应建立一个动态的抉择和评估体系，其依据就是不断变化的市场环境和政策导向，一个战略不仅仅是对一个蓝图的描述，更主要的是战略的分解和组合。这些被分解的战略要素如同一个统一的整体，在总体战略这个中枢的指导下，相互作用，达到目标。而每一个分解的战略都应该是科学的、实际的、动态的。战略并不完全是宏观的，在实际工作中，战略的细节也常常容易被决策者所忽略。

（一）医院发展战略的基本概念

1. 战略的基本概念

什么是"战略"？战略一词来源于军事与外交，"战"指战斗和战争，"略"指筹略、策略、计划，通常被认为是在对抗条件下克敌制胜的智慧和艺术。早在《左传》和《史记》中已经使用"战略"一词，西晋史学家司马彪曾有以"战略"为名的论著。春秋战国时期著名的军事家孙武曾在其著作《孙子兵法》一书中写道："兵者，国之大事，死生之地，存亡之道，不可不察也"，"凡战者，以正合，以奇胜"等。这些均强调了战略在古代军事中的重要性，说明了正确的战略指导是取胜的关键。

在西方，"strategy"（战略）一词起源于希腊语"strategos"，原意是指将帅本人，后强调指挥军队的艺术和科学。

《辞海》中对"战略"的定义是："对战争全局的筹划与指导，泛指重大的、带全局性或决定全局的谋划。"如国家战略、经济发展战略等。

从管理学的角度理解，战略属于计划的范畴，是一个组织长远发展的规划，对全局有长期的、决定性作用的、需要运用整体资源来实现的目标与决策。而这种决策的目的是谋划组织内部诸要素、组织目标与外部环境的动态平衡。战略是在符合和保证组织使命的条件下，在充分利用环境中存在的各种机会和创造新机会的基础上，确定组织同环境的关系，规定组织从事经营范围、成长方向和竞争对策，合理调动组织结构和分配组织的全部资源，从而使组织获得某种竞争优势。

从医院管理的角度来看，战略就是以未来为基点、以现在为起点，根据医院的外部变化和内部的资源条件，而进行发展性工作的一种系统谋划。显然，目前在大多数医院管理者的心目中，对医院的发展并未有系统性的战略性谋划，或者是没有把医院的发展放在战略性的位置来研究、思考和开拓。表现为：一是医院未来发展的整体思路不清；二是对医院发展战略的重视不够；三是对医院发展的近、中、远期的谋划不够到位；四是对医院发展战略的意义和重要性认识不到位。

2. 医院战略管理的相关概念

随着人类社会实践的发展，战略的概念已经被广泛地应用到社会经济活动的各个领域，泛指重大的、带有全局性和决定性的谋划，如社会发展战略、经济发展战略、区域发展战略、医院发展战略等。自20世纪60年代起，战略一词就被引入到了企业的经营管理之中，于是产生了企业战略的概念。而如今，随着医院所面临的形势发生变化，战略的概念必然要被引入到医院的经营管理中，因而，就有了医院发展战略的问题。

我们认为医院战略管理的含义是：运用战略对医院进行的总体性管理，是指医院管理者根据医院的宗旨，在对内、外环境进行分析的基础上，确定医院的发展方向和目标，并组织各种资源实现医院目标的规划和行动过程，使医院能长期、稳定、健康地发展。

从这一概念中理解医院战略管理的要义有：

（1）医院战略管理是决定医院将采取何种战略的决策和行动过程。战略管理的重要性不在于已经成文的决策本身，而在于制定和实施这一决策的过程。

（2）医院战略管理是解决医院全局性和长远性规划的实施工具，是医院进行重大决策的一种客观的、系统的方法。通过医院发展战略的制定、实施、评价和控制等一系列过程，保证医院的长远性、全局性重大问题的目标和规划能够更好地实现。

（3）医院战略管理是医院使自身的条件与所处的环境相适应以实现其宗旨的管理过程。战略管理的产生源于要适应多变甚至不可预测的环境，医院战略管理的目的就是要使医院不断开发、利用和调配内部的各种资源以适应环境变化，不断修正和调整原有发展战略，以保证医院宗旨的实现。

3. 医院发展战略的本质及其特性

医院发展战略就是医院为了实现组织目标，根据外部环境变化和自身资源优势而制定的全局性、方向性、长远性的谋略。或者可以将医院发展战略理解为确立医院的宗旨和长期目标，以目标来指导医院的经营，并在过程中根据情况来不断调整具体的经营活动方式和资源配置方式以实现战略目标。

医院发展是成长、壮大的过程，其中既包括量的增加，也包括质的变化。医院发展也需要谋略，在医院发展过程中具有整体性、长远性、关键性、竞争性的谋略规划就是医院发展战略。医院发展战略有四个特性：一是整体性，二是长远性，三是关键性，四是竞争性。

（1）整体性是相对于局部性而言的，医院发展战略是对医院的各项经营活动的整体规划。它不是各项经营活动的简单汇总，而是在综合平衡的基础上确定

优先发展项目、权衡风险大小并为实现整体结构和效益的优化而进行的全面规划。

（2）长远性是相对于短期性而言的，医院发展战略要着眼于未来，对较长时间内医院如何生存和发展进行统筹规划，以实现其较快发展。面对激烈复杂的医疗市场竞争，任何医院若没有前瞻的战略部署，其生存和发展就要受到影响；从另一方面看，长远性就是医院战略的整体性特征在时间概念上的表现，它直接关系到医院的未来和发展。

（3）关键性是相对于次要性而言的，只有在管理活动中认清医院发展的重点问题和根本性问题，分清主次，抓住决定医院未来的关键因素和环节，才能正确把握医院发展战略。

（4）竞争性是相对于常规性而言的，医院发展战略应当具有善于适应环境变化而适时调整的功能和改造环境的功能。

（二）医院发展需要战略思维

战略思维是战略管理的核心，战略思维体现的是管理者对环境的预测和把控能力，并通过管理行为加以实践，从而就形成了战略管理。

与传统的思维相比，战略性思维更加强调敏锐、系统和严密的逻辑推理。但是，仅仅有战略思维并不代表一定能够在竞争中赢得胜利。思维毕竟只是一种思考方式，要得到表现为决策的结果，还要依赖思维对信息的加工以及对未知信息的预判——非确定性条件下的战略管理。借助于思维工具的运用，更多的人能够用一种相同的模式对环境和竞争对手进行结构性的思考，但并不表明这就是一种正确的思考方式，因为最后形成的结论的形式仍然受到一定人为个性的影响，而这种影响本身又具有蝴蝶效应，所以作出的决策仍然是千差万别的。

医院的发展需要有战略来指导，而战略则需要战略思维指引，医院的发展需要战略思维，这基于以下理由：

第一，我国医院已进入战略制胜的时代。因为，我国医院的外部环境已发生了很大的变化。概括来讲，外部环境的变化主要有三点，即患者的医疗需求在变化，医院之间的竞争环境在变化，外部环境本身也在变化。

第二，医学科学技术发展的推动。现在人工智能诊疗技术支持系统的发展，多媒体技术开辟的医疗服务的新领域，远程医疗技术的发展，生物技术的应用对医疗技术的影响等，都对医院的未来发展产生重大的影响。

第三，战略思维可以使医院在激烈的竞争中把握自己的未来。应用战略思维，医院可以主动筹划自己的行动，而不仅仅被动地应对环境的变化。通过正确判断外部环境和内部条件，明确发展目标、任务，并制定相应的策略，这样就可以使医院积极把握自己的未来。

第四，医院领导团队科学化的需求。我国医院基础管理薄弱，医院院长大多是名医，是技术专家，而非管理专家。从未来发展的角度看，医院高层管理者应当是复合型人才，既懂得医疗技术，又懂得管理，而且善于用战略思维来思考和解决问题，比如，如何在医疗行业中准确定位自身？医院的服务对象是谁？服务地理范围是什么？能提供什么类型的医疗服务？……这些问题都需要战略思维来指导。战略思维是制定医院发展战略的先决条件，也决定着资源配置得合理与否。

二、医院发展战略定位

我们已经了解医院发展战略就是医院为了实现医院目标，根据外部环境变化和自身资源优势而制定的全局性、方向性和长远性的谋略，也就是确立医院的发展宗旨和长期目标，以目标来指导医院的经营，并在过程中根据情况来不断调整具体的经营活动方式和资源配置方式而实现战略目标。那么，如何在医院发展过程中根据不同的情况调整和采用具体的实施方式？其影响因素有哪些，又必须遵循哪些客观规律？这就是我们将要讨论的医院发展战略定位。

当前，我国医疗卫生事业取得了令人瞩目的成就。医疗服务规模不断扩大，服务能力不断提高，服务条件不断改善，服务模式不断更新，培养了一大批掌握先进医疗技术的专业人才，临床科研成果不断涌现，一些先进的医疗技术在世界上处于领先水平，我国医疗事业发展的成就是不容置疑的。但是，医院发展也存在不容忽视的问题，社会经济发展、区域民众需求、医疗卫生改革等因素都使医院在发展过程中遇到了许多前所未有的难题。

（一）医院发展要与中国经济社会发展相协调

在社会主义国家里，健康是人民的基本权利，是衡量人民生活质量的重要指标，也是社会经济发展的目的之一。医疗卫生事业的性质与企业、商业不同，不可能依靠医院经营获取利润来扩大再生产，它不可能，也不应该离开国家提供卫

生资源。医疗卫生事业福利水平的高低不是由主观愿望决定的，它受到社会经济发展水平的制约。

1. 中国经济与社会发展现状

经过 40 多年的改革和发展，中国社会经济面貌发生了深刻的历史性变化。当人类社会跨入 21 世纪的时候，中国社会经济也进入了新的发展阶段，这些变化主要体现在三个方面：

（1）国民经济持续快速增长，国家经济实力显著增强。长期困扰中国经济发展和人民生活的商品供应普遍短缺的状况基本改观。在经济迅速增长的同时，教育、科学、文化事业以及人口、环境和其他各项社会事业，都取得了历史性的成就。

（2）改革开放取得重大的突破性进展。通过艰苦努力，这种新的经济体制已经初步建立。对外开放把封闭、半封闭型的经济体制改革为开放型的经济体制。加入世界贸易组织标志着全方位对外开放进入新的发展阶段，也标志着经济体制改革进入新的阶段。

（3）人民生活实现两大历史性跨越。20 世纪 80 年代基本解决了温饱问题，90 年代由温饱达到小康。千百年困扰中国人的吃饭问题，在中国共产党的领导下得到根本解决。祖祖辈辈关于小康生活的梦想，如今已经成为现实。

但是，中国社会经济的突飞猛进，也带来了显著的城乡差异，城镇人民的收入迅速提高，而农村因为人口数量巨大，农业产出靠种地，人民收入提高很困难，除 1983 年和 1984 年两年农村人民收入提高快于城镇之外，农村人民的收入增长一直低于城市。一般而言，所有的国家在工业化过程中都会有城乡收入的差别，都会发生收入分配差距的扩大过程。但由于发达国家工业化过程时间长，城市人民的收入增长速度远比中国的增长速度慢，所以城乡差异相对较小。

2. 医院与经济社会发展的相互关系

（1）经济社会发展是医院发展的基石。改革开放以来，我国国民经济快速稳定发展，国家实力明显增强，人民生活持续改善，社会事业全面进步，中国卫生事业也进入了历史上发展最快的时期。

（2）经济社会发展与医院发展的不协调。我国是人口大国，社会经济在发展过程中不可避免地会出现城乡差异、地区差异和地方性经济发展政策的差异，这些差异在左右其他行业和领域的同时也对医院的发展产生一定的影响。

3. 探索与社会经济发展相协调的医院发展战略定位

医院与经济社会发展的相互关系要求医院在定位医院发展战略之时必须与国家经济的发展水平相同步，相协调，有计划、按比例协调稳步发展，必须寻找切合自身实际的战略定位。城市大中型医院要根据自身特点在提供常规医疗服务的同时将有限的资金用于改善诊疗设施和环境，加快科技创新，但也要避免过度医疗，忽视医院原有发展基础，一味地求新、求洋、求大和医院内部设置的"大而全"等现象的出现。基层卫生机构或社区医院则应该认真分析所在地区的居民就医需求和经济状况，在积极争取政策和资金的同时，主动出击，积极开展城乡和社区健康教育、卫生保健和常见病普查等工作。

（二）医院发展要与区域民众医疗需求相适应

1. 区域民众医疗需求差异

（1）医疗需求的城乡差异。在前面我们已经提及中国经济快速发展的同时也存在城乡发展不平衡的问题。在城镇，居民们在以往的有病治病基础上开始注重预防保健和心理保健；居民们渴望医院在提供常规医疗的同时满足他们的不同需求和高层次的需求。在农村，部分地区存在居民缺医少药、无医可就的状况；部分地区虽然有了基础的医疗设施，但缺乏专业和优秀的医护人才，这些地区的基础医疗单位在努力做到"低水平、广覆盖"，满足农村居民最低限度的治病需求之时，要引进和培养适合农村居民需求的全科医生。

（2）医疗需求的地区差异。中国幅员辽阔，人口众多，不同的区域由于疾病谱的差异对医院有着不同的医疗需求。经济文化发达的地区，肿瘤、心血管疾病、糖尿病、身心疾病、意外伤害等疾病已占突出地位；而在一些经济文化不发达或欠发达地区，少数传染病、地区性疾病、职业防护缺乏所致疾病乃至一些妇女产褥期疾病还是困扰和影响居民健康的主要原因。因此不同地区的医院要研究并适应自身所在地区的疾病谱的变化，因病制宜地定位医院发展战略。

（3）医疗需求的个体差异。除了上述的医疗需求的城乡和地区差异以外，医疗需求还存在着个体差异，就诊患者在个人经济水平、文化背景、健康需求、就医理念等方面都存在着不同的差异，甚至在以上几方面都十分类似的就医人群中还存在着性格和情绪上的差异，现代医学模式已经由以"病"为重点转为以"人"

为重点，那么医院在发展建设过程中也要及时地进行转变和适应，要将医疗需求的个体差异也界定入医院发展的考虑因素之中。医院要正确认识当前卫生工作的形势和部署，找准医院在卫生服务体系中的定位。

2. 适应差异、因地制宜的医院发展模式

我国医疗卫生体制改革的目标：一是加快推进农村卫生服务体系和医疗卫生基础设施建设，健全县、乡、村三级农村医疗卫生服务体系和网络，逐步建立符合国情、适应农村经济发展和农民对医疗需求的新型农村合作医疗制度。二是加快构建以社区为基础的新型城市医疗卫生服务体系；通过调整城市医疗卫生资源，加大政府投入，加强人才培养，完善服务功能。

三、医院发展战略目标

（一）医院发展战略目标的概念

1. 战略与战略目标的关系

战略是确定医院长远发展目标，并指出实现长远目标的策略和途径。战略确定的目标，必须与医院的宗旨和使命相吻合。从医院经营管理的角度看，医院发展战略并不神秘，战略是一种思想、一种思维方法，也是一种分析工具和一种较长远和整体的计划、规划，与我们通常说的医院长远规划差不多。战略目标是长远发展中的一个个阶段、一个个里程碑，是一个过程、一个标志。只有每个阶段的方向明确了，医院的经营管理活动才不至于迷失方向。只有方向明确了，我们才能知道什么是"正确的事"，而只有坚持"做正确的事"，我们才能不浪费医院有限的宝贵资源。

2. 医院发展战略目标定义

医院发展战略目标是对医院发展某一个阶段运营活动预期取得主要成果的期望值，是一组可测量的资料，是一种远景的量化值，是某一个时段、某一个过程或某一个方面的总体工作要求。医院发展战略目标的设定，同时也是医院宗旨的展开和具体化，是医院宗旨中确认的医院运营目的、社会使命的进一步阐明和界定，也是医院在既定的战略活动领域展开战略活动所要达到水平的具体规定。

3. 医院发展战略目标特点

战略目标与医院其他目标相比，具有以下一些特点：

（1）宏观性。战略目标是一种宏观目标。它是对医院全局的一种总体设想，它的着眼点是整体而不是局部。它是从宏观角度对医院未来的一种较为理想的设定。它所提出的，是医院整体发展的总任务和总要求，它所规定的，是医院整体发展的根本方向。

（2）长期性。战略目标是一种长期目标。它的着眼点是未来和长远。战略目标是关于未来的设想，它所设定的是医院员工通过自己的长期努力奋斗而达到的对现实的一种根本性的改造。战略目标所规定的，是一种长期的发展方向，它所提出的，是一种长期的任务，绝不是一蹴而就的，而是要经过全体员工相当长时间的努力才能够实现。

（3）相对稳定性。战略目标既然是一种长期目标，那么它在其所规定的时间内就应该是相对稳定的。战略目标既然是总方向、总任务，那么它就应该是相对不变的。这样，职工的行动才会有一个明确的方向，大家对目标的实现才会树立起坚定的信念。

（4）全面性。战略目标是一种整体性要求。它虽着眼于未来，但却没有忽视现在；它虽着眼于全局，但又不排斥局部。科学的战略目标，总是对现实利益与长远利益、局部利益与整体利益的综合反映。科学的战略目标虽然总是概括的，但它对人们行动的要求，却又总是全面的，甚至是相当具体的。

（二）科学确定医院发展战略目标的原则

医院发展战略目标不能华而不实，只停留在口号，没有实际价值和意义，同样也不能目光短浅，只是一种短期行为，没有一种战略性和远见性。一般医院发展战略目标的确定需遵循以下几点原则：

1. 坚持"切实可行"的原则

目标，是系统发展的顶点。因此，目标的选择，要遵循切实可行的原则。在主观指导正确的前提下，可行性的基础是必要客观条件。特别是战略目标对全局起指导和规定作用，如不切实际，将对各分目标和具体目标的科学性造成极大影响。因此，实现切实可行的战略目标首先要在资金、资源上保障其可行。医院的经济实力是医院发展的物质基础，一个医院的经济基础决定了医院发展的潜在能力，也在一定程度上决定了一个医院发展的总体规模和发展速度。医院发展需要经济实力的支持，经济实力也会给医院的发展以强有力的制约。若医院发展的战略目标超越了经济条件的许可，则会造成医院经济不堪重负，医院也难以获得发

展。如果医院发展目标超越了政府、社会和医院所能提供的经济和资源水平，则医院的发展难以得到必要的技术力量、经济支持和资源配置的保障，医院的发展只能是纸上谈兵。

2. 坚持"以人为本"的原则

"以人为本"就是要把"人才强院"战略作为发展的根本性战略，把满足人的全面需求和促进"人性化"的发展作为医院发展的根本出发点和落脚点。

人力资本是医院资源中最为活跃和最为重要的因素，是第一资源。众所周知，医院发展主要依靠医院科研来推进，医院科研是极富创造性的科学活动，需要大批具有创造力的科技人才。只有依靠出色的科技人才，才能发现新的理论，提出新的概念，产生新的发明。"以人为本"的原则强调的是在医院管理过程中注重对人的开发激励，调动人的积极性，挖掘人的潜力，并要求管理者从尊重人、保护人、激励人的角度出发，让医院的制度去适应人，而不是让人去适应制度，并在以劳动契约和心理契约为双重纽带的组织与员工的合作伙伴关系中，突出员工职业生涯的设计。

3. 坚持"明确可查"的原则

医院发展战略的宏观性和综合性，决定了战略目标的概括性，但这种概括性又必须是明确可查的。目标，一方面具有导向作用，同时又应具有在时间和标准上的可度量特点。这样的发展战略目标，不仅指明了医院发展的方向，而且规定了各个时期的战略任务，并为制定发展措施提供了依据，同时对于各个阶段与目标的差距一目了然。

首先，要有明确的完成时限。医院发展战略目标，是在一个特定时间区段内医院发展需要达到的状态，也就是医院要成为什么样的医院。在某一时期内，该状态的确定要以卫生需求为依据，与国家的总体目标相适应。特别是在新的历史条件下，医院发展战略目标的确定，一定要审时度势，从当前"看病难、看病贵"的实际出发，抓住卫生体制不断探索、改革的历史机遇，着眼于新的挑战，变临时性、应急性的建设目标为有计划、有步骤的长远目标，紧紧围绕提供优质、低价、安全的医疗服务这个中心去设计医院发展的宏伟蓝图。因此，只有将长远目标和各个阶段具体规划相结合，明确界定各个阶段战略任务的完成时限，这样战略总目标就进一步提高了时间上的清晰度和明确性，有利于我们区别远近缓急，一步一个脚印地朝既定目标前进。

其次，要有明确可查的考核指标。可查性是目标明确的重要标志，没有明确的衡量标准，平时就无法评价目标的进展情况，最后也无法验证是否真正达到目标。所以，医院发展战略目标应明确可查，应体现在考核指标的明确性上，这需要进行广泛和复杂的量化工作。第一，应该对医院发展的总量指标进行量化。医院是卫生体系的重要内容，其衡量值应该是一个综合指标。医院实力由多种因素构成，但从整体上可把这些因素分为两大类，即具有实体形态的"硬件"值和没有实体形态的"软件"值。第二，应该对医院发展的效费指标进行量化，即对效能和费用进行比值量化。只有对医院实力进行较为客观的量化后，才能进行明确有效的考核。所谓"医院服务成本领先"战略就是指在医院为病人提供服务的过程中，以低的费用耗费提供同质量服务或以等量费用耗费提供高质量服务，并在行业中取得领先优势。它是一个医院服务系统中首要的、普遍的、持久的计划和行动方向。采取医院服务成本领先战略应遵循几大原则：一是价值原则。医院是一个较复杂的服务行业，在讲求医院组织经济效益的同时负有大量的社会效益。二是动态原则。战略管理本身是一种动态管理过程。随着社会经济的发展，医院体制也将发生深刻的变化，而与此相关联的医院服务内容、病人需求内容等都会裂变。因此只有客观上要求医院服务成本领先战略适应各种需求与变化，动态性地调整和完善战略的各个方面，才能持久地确保领先目标。三是因地制宜原则。因地制宜原则是指医院服务领先战略必须个别设计，适合自己医院实际。由于医院之间存在着经济规模、功能基础、管理风格和服务结构等差别，因此，必须结合医院自身的情况，来制定医院服务领先的内容、方法、措施以及阶段性目标。

四、医院社会工作

（一）医院社会工作者的职责与角色

1. 医院组织结构与医院社会工作者性质

（1）医疗机构与医院概念

医疗机构分类、监督与管理是医疗照顾制度与健康政策框架的重要组成部分，是医疗照顾、健康照顾服务体系中最传统、最基础、最核心和最重要的组成部分。

按照中国的权威规定，医疗机构是指从卫生行政部门取得《医疗机构执业许可证》的机构，包括医院、疗养院、社区卫生服务中心（站）、卫生院、门诊部、诊所（卫生所、医务室）、急救中心（站）、妇幼保健院（所、站）和临床检验中心。医疗机构的主要职责是从事临床疾病的诊断、治疗活动与服务。医院是医疗卫生机构的主体。按照政策规定，医院是指设置住院床位以诊断疾病、收治病人和护理病人的专业化医疗机构，是医务人员向患者提供预防、诊断、治疗、康复等医疗卫生服务的场所，目的是满足人们对健康的需要。医院是医疗机构的主体，是医疗服务的主要提供者。医疗机构和医院以救死扶伤、防病治病，为公民提供健康服务和改善生活质量为根本宗旨。

（2）医院类型划分与分类管理原则

医院类型多种多样。一般根据医院性质、规模、所在区域、服务内容、治疗方法和承担任务，将医院分为多种类型。例如，按照医院服务范围和行政隶属关系等标准，医院可以分为综合医院、专科医院、教学医院、企业医院、中医医院及中西医结合基地；按照医院规模，医院分为三级十等；按照所有制性质和经营目的，医院可以分为公立医院和营利性医院等。

从纵向等级制度与等级结构的角度看，医院可以划分为不同的等级。医院等级是由卫生行政部门评定的反映医院规模和医疗服务水平的综合指标。医院等级是由卫生行政部门根据设置规划确定的级别（一、二、三级）和由医疗机构评审委员会评定的等次（特、甲、乙、丙等）。我国从 20 世纪 80 年代后期逐步实行医院分级管理和医院评审，这是在总结我国三级医疗网和文明医院建设经验基础上，借鉴国际医院评审经验建立起来的适合我国国情的医院管理制度。

国家对医院实行分类管理的原则与政策。医院分级管理就是按照医院的功能和相应的规模、技术建设、管理及服务质量等综合水平，将其划分为一定级别和等次的标准化管理模式。医院分级管理的基本目的是促进合理利用有限的卫生资源，促进三级医疗网发展，合理分流病人，促进区域卫生规划的执行，促进医院适应医学模式的转变，促进医院综合水平的提高，调动社会各方面的积极性，共同关注和支持医疗事业。根据医院分等标准和医院的综合水平，我国的医院可以分为三级十等，即一、二级医院分别分为甲、乙、丙三等，三级医院分为特、甲、乙、丙四等。

公立医院是中国医疗照顾和健康照顾服务的主要提供者，医院管理质量决定医疗服务质量。

（3）医疗工作与医院的组织结构

医疗机构和各类医院的基本职责是为病人提供医疗、康复照顾服务和身心健康照顾服务，以满足病人的健康需要，为病人重返社会和参与社会生活奠定基础。医疗工作或医疗服务是医院的中心任务和主要内容。医疗工作是指卫生技术人员在医疗机构或医院中对病人进行的诊断、治疗、护理、康复和其他辅助性诊疗活动的总称。诊疗活动通常是指通过各种检查，使用药物、器械和手术等方法，对疾病作出判断和消除疾病、缓解病情、减轻痛苦、改善功能、延长生命，帮助患者恢复健康活动的总称。一般来说，我国医院的临床医疗服务通常分为门诊医疗、住院医疗、康复医疗和急救医疗四大服务类型。

目前，我国医院的内部组织结构与科室设置主要分为医院院长、行政科室、医疗业务科室和医疗技术辅助科室四大类。一般来说，500张床位以上医院的组织结构与科室设置分为四类：一是院长、副院长若干名；二是医院的行政管理科室，如院长办公室、人事处、医务处、护理部、总务科、财务科、科研教育科；三是临床医疗服务科室，例如内科、外科、妇产科、儿科、眼科、耳鼻咽喉科、口腔科、皮肤科、精神科、传染科、结核科、肿瘤科、急诊室、麻醉科、康复医学科、运动医学科、职业病科、病理科、医学影像科、中医科等；四是医疗技术辅助服务的科室，例如营养科、药剂室、医学检验科、换药室、注射室、医疗器械科等。

（4）医院社会工作者的专业技术人员与整合者身份

医院社会工作者身份"性质"是卫生系统专业技术人员基本类型之一和重要的组成部分。卫生技术人员是医疗机构与医院工作人员的主体部分。按照《医疗机构管理条例实施细则》的规定，卫生技术人员是指按照国家有关法律、法规和规章的规定取得卫生技术人员资格或者职称的医务工作者。

2. 医院社会工作的专业角色与专业地位

（1）医院社会工作者专业化角色与基本成因

医院社会工作者是医疗卫生服务和健康照顾服务的主要提供者，是连接福利服务与健康照顾服务的重要专业人员，是现代健康照顾体系和医疗卫生制度中不可缺少的专业技术人员。医院社会工作是社会工作所有专业服务体系中专业价值观、专业知识、专业技能和专业服务技巧要求最高的领域，也是专业化组织、专业化团体、专业化训练、专业化继续教育、专业化人员构成水平最高的领域，雄踞社会工作专业服务的最高平台，在社会工作专业服务体系中处于基础性与战略性地位。这意味着医院社会工作是社会工作所有专业服务体系和分支领域中专业化程度最高的领域。与此同时，综观发达国家医院社会工作制度的发展历史和变迁过程，我们可以清晰地看到，医院社会工作既是社会工作实现专业化、职业化最早的领域，引领社会工作专业化的进程，也是最能体现社会工作专业化、职业化特征和优势的领域，实现福利服务与健康服务的整合。

　　医院社会工作在社会工作专业服务中的专业化与职业化程度最高地位是由多种因素决定的，其中最重要的原因是医疗照顾和健康照顾服务在社会福利制度与社会服务体系中的专业化程度最高，因为儿童福利服务、学校社会工作、家庭社会工作、社区工作、群体工作、残疾人社会工作、妇女社会工作、社会救助、老人社会工作、司法社会工作、矫正社会工作、农村社会工作等专业服务的专业化要求都不如医务社会工作高，由于人的生命无价，人类预防控制疾病、救死扶伤、治病救人和施医赠药需要高度专业的医学知识。如要服务病人和病人家属，满足病人的健康需要，需要高超的医学专业技能，需要对生命原理、身体结构、疾病知识、医学知识、护理知识和医疗机构有基本的了解，需要对社会保障、社会福利制度框架与服务体系有较清楚的了解，需要有相当强的专业合作能力、宽广的视野、广博的知识、开放的心态、乐观的性格、较强的表达和人际沟通能力，需要有良好的心理素质与能执行的服务能力，以及进行宏观战略思考和政策倡导的能力。

　　更为重要的是，借鉴世界各国医院社会工作发展的普遍规律，医院社会工作、医疗处境社会工作和健康处境中社会工作模式演变，充分说明医院社会工作专业地位不断提高的趋势。社会环境与社会结构转型、生活方式转变、价值观念更新和疾病与健康概念内涵外延扩大等，从社会结构与福利体系结构变迁、健康照顾地位和社会工作专业地位等三种不同的角度共同推动了医院社会工作专业地位的不断提高，使之成为整合社会服务和统领社会工作的核心领域。① 社会结构转型和社会现代化说明，身心健康成为人类最基本的需要，健康照顾服务是社会福利制度框架中最基础、最重要和最有发展前景的领域，卫生政策是社会政策框架的核心。② 在健康社会化和社会健康化的时代，特别是在衣食住行用等基本生活需要满足之后，身心健康成为最重要的需要，因为没有健康的体魄，人们承担的社会责任、义务根本无法履行。③ 在社会现代化，特别是追求生活质量和以人为中心发展的社会背景下，专业社会服务越来越发达，社会服务将成为国民经济体系中的最大产业，社会工作的专业地位自然会不断提高。

（2）医院社会工作者扮演的多种专业角色

医院社会工作者扮演着多种多样的角色，在医疗照顾与健康照顾服务体系中发挥着重要作用，社会工作者既要从事宏观层面政策倡导与健康宣传教育，又要从事中观层面的社区健康和职业健康服务，还要在微观层面上为病人提供照顾，增强病人的家庭功能，改善家庭福利等。自医院社会工作诞生以来，医院社会工作者承担着越来越大的责任，扮演着越来越多的专业角色，由最初的家庭访问者和家庭调查者、医护人员的助手、病人和医护人员之间的沟通联系媒介，转变为医院病人管理者、临床治疗师、医疗服务管理者、医疗服务组织者和健康宣传教育者，进而发展为健康照顾服务咨询者、疾病预防策划者、外展医疗服务和社会服务整合者角色，特别是公共卫生服务和普及性健康促进运动的规划、组织、协调、倡导和服务提供者等角色。医院社会工作者绝非只扮演直接服务提供者角色，也绝非只扮演固定不变的专业角色。医院社会工作者应以哪种角色为主，各种角色之间如何转变过渡和相互联系取决于具体状况。需要特别强调的是，社会工作者所扮演的主要角色之一是处在目标群体与社会环境之间的位置，这种"中间人"角色特别适合于医院社会工作者，这对医院社会工作者提出了极高的要求。

首先，在公共卫生社会工作实务中，社会工作者主要扮演教育者和组织动员者的角色，为健康人、亚健康者、病人、家属、普遍社区居民和社会工作专业学生提供健康教育。健康教育的范围广泛，内容多样，主要以改变日常生活习惯和培养文明健康的生活方式为主，进而实现预防控制疾病、消除威胁健康的危险因素和致病因素，保持身心健康状态的目标。健康教育与健康促进的方式多种多样，灵活机动，主要取决于教育对象、教育环境和题目。健康促进和健康教育的主要对象是患病者和尚未患病的健康人。

其次，在医院社会工作和医疗社会工作实务中，社会工作者主要扮演检查者、咨询者、安慰者、入院计划制订者、临床诊断协助者、临床治疗协助者、医疗信息提供者、直接健康照顾服务提供者、医护人员助手、专业社会服务转介者、医患沟通的协助者、医院志愿服务组织者、出院计划制订者、医院社会工作实务模式研究者等多种多样的角色，为病人、家属、亚健康者和社会工作专业实习学生提供相关专业服务。医院和医疗社会工作范围广泛，内容繁多，涉及疾病诊断、疾病治疗和康复愈后等整个临床医疗流程的各个环节和所有服务领域，主要内容是协助病人治疗，尽快康复出院。

最后，在精神障碍和精神疾病社会工作实务领域中，社会工作者主要扮演病人发现者、咨询者、入院计划制订者、临床诊断协助者、临床治疗协助者、社区照顾和社区康复服务者、医疗信息提供者、直接健康照顾服务提供者、医护人员助手、专业社会服务转介者、医患沟通协助者、病人长期照顾者的支持者、病人互助自助小组组织者、医院志愿服务组织者、出院计划制订者、精神障碍和精神疾病社会工作实务模式研究者等多种角色，为精神病人、家属和长期照顾者、心理障碍者和社会工作专业实习学生提供相关专业服务。精神疾病社会工作的方式既要充分考虑中国传统文化的影响，也要充分考虑国人和精神病人自身对精神心理疾病的担忧、歧视和强烈的耻辱感，还要充分考虑精神病人的精神心理和行为特点，在不增强或加强精神病人耻辱感的背景下，为精神病人提供切实可行和行之有效的专业服务。精神障碍和精神疾病社会工作实务的主要对象是精神病人、家属，有时候还包括社区居民。

（二）医院社会工作实务模式与方法

1. 医院社会工作实务与实务模式

（1）实务、实务工作与实务模式

实务（practice），又译为实践，既是多姿多彩社会工作服务与各式各样实践活动的总称，又泛指所有社会工作专业服务与实践智慧，等同于社会工作专业服务活动。

实务工作则是社会工作者从事的、具体的、多样性的专业服务活动，实务工作的范围广泛，所有的社会工作专业帮助服务都可被称为社会工作实务工作，实务工作等同于服务实践。实务模式是对特定领域实务工作结构性特征与一般性规律的概括、抽象、总结和升华，是特定领域实务工作发展到一定阶段和一定程度的历史产物，是实务理论最主要的表现形态。实务理论是人们对特定领域或某种社会现象、服务对象的行为模式与社会体系间互动关系的概念化陈述，是对特定领域实务工作与实践智慧的理论化描述、分析、概括和解释。

医院社会工作实务模式是医院社会工作者在医院、医疗机构和医疗照顾处境中，就某些领域或某类病人的社会服务形成的一套相对规范的专业服务模式、服务流程和工作方法的概括。

（2）医院与医院社会工作实务

1）健康需要评估。健康需要评估是健康照顾服务和医院社会工作理论、政策与实务的基础，是医院社会工作者的基本功能和基本职责。健康照顾并非一项工作，而是以需要为基础的服务。健康需要评估是探索社区健康问题和可用于解决这些问题的资源以实现预期目标之间关系的社会诊断过程。健康需要评估目的是确定目标人群健康需要，主要内容有三项：一是测量健康状况；二是选择健康收益最大化的方式；三是评估健康资源。健康需要评估既是基本实务内容，又是健康照顾干预基本手段，适用于健康照顾服务的所有领域。

2）疾病预防和初级卫生保健中医院社会工作。疾病预防和初级卫生保健干预领域广泛，既是健康照顾处境下医院社会工作的首要实务，又是健康照顾和健康干预过程的首要环节。疾病预防是以保护、促进和维护健康，预防疾病、痛苦、失能和夭折为目的的健康照顾活动，初级卫生保健、社区健康和公共健康是实现疾病预防目标的重要途径。

3）计划生育与生殖健康社会工作。中国是个人口众多的发展中国家，国家提倡推行计划生育，使人口的增长同经济和社会发展计划相适应，夫妻双方都有实行计划生育的义务，实行计划生育是国家的一项基本国策。计划生育是指国家行政管理部门为控制人口数量，提高人口素质和社会福利水平，对家庭成员的生育意愿、计划、行为实施社会干预和提供节育技术服务措施的总和。计划生育工作的主要内容有六项：一是宣传节育科学知识，开展计划生育宣传月活动；二是组织节育技术人员的培训和考核，提高计划生育技术服务质量；三是做好节育手术并发症的管理，降低、减少、避免计划生育技术服务的负面影响；四是进行节育方法、优生优育调查等临床科学研究工作，控制人口数量，提高人口素质；五是孕期和围生期保健；六是提供婚前保健门诊和婚前体检、遗传咨询门诊等服务。

4）急诊室、门诊部和医院病房医院社会工作。急诊、门诊和住院部是医疗服务的主要场所，是健康照顾过程中的传统生物医学模式和医疗服务的主体部分，是医院社会工作的传统领域。急诊室是急症和突发性疾病的主要诊疗场所，门诊部是病人求诊问医的基本场所，住院部是确诊病人实行药物、手术治疗的主要场所。急诊、门诊和住院治疗主要适用于那些突发急性病、已患有某种疾病和处于亚健康状态的人群。

医院社会工作者可以在急诊室、门诊部和妇、儿、内、外、耳鼻喉科等各类住院病房中工作。医院中社会工作既是医院社会工作的最早发源地，也是医院社会工作实务的传统核心部分。

一般来说，门诊部，尤其是医院急诊室的社会工作和医院病房医院社会工作存在着巨大差异，因为急诊室社会工作具有突发性、紧急性、不确定性、个体化和病人无法充分配合的明显特征。

5）医患关系、医疗纠纷和医疗保险医院社会工作。医患关系是临床医疗的主要关系，医疗纠纷是医院社会工作的基本干预领域，医疗保险是临床医疗活动中越来越重要的领域。

医患关系是指医护人员和病人、病人家属之间建立的互动模式，医疗纠纷是因医疗事故和其他原因引发的医患之间冲突，医疗保险是病人通过社会保险方式享受医疗服务的制度安排。

医患关系、医疗纠纷和医疗保险医务社会工作的主要目的是确保医患沟通顺畅和服务质量。医患关系主要内容是正确处理医护人员和病人、家属间的关系，加深相互信任和相互配合；医疗纠纷主要内容是妥善处理医疗事故和医患之间紧张对立的矛盾关系，确保双方合法利益。医患关系适用于所有的医疗行为，医疗纠纷适用于医疗事故的处境，医疗保险则涉及参保人员。

2. 医院、医务社会工作主要的实务模式

（1）医务社会工作理论与实务模式概述

医院、医务社会工作实务模式多种多样，反映特定社会制度安排与文化价值观念，为医院、医务社会工作者提供可资参考借鉴的服务规范与流程。实务模式是实际工作的概括总结，发挥着多种多样的作用。实际上，实务模式回答了谁是服务对象，服务范围与服务领域是什么，如何提供照顾服务，具体的服务过程是什么等四个最基础的实务问题，从某种意义上来说是实际服务工作的操作指南。一般来说，按照服务提供者与服务接受者的关系，实务模式可以分为直接、间接社会工作实务两大类。直接社会工作实务是指面对面为服务对象提供的服务，直接服务对象通常是有需要、有问题和患病的个人、家庭成员、群体成员等个体化社会成员。间接社会工作实务是指不以某个人为服务目标的工作，通常指组织管理与行政管理类工作。

（2）医院、医务社会工作主要实务模式简介

首先，健康照顾处境分析与间接医务社会工作实务模式，是20世纪70年代以来兴起的新型实务模式，主要特点是注重特定社会宏观的医药卫生体制背景与健康照顾服务体系处境，本质上是一种宏观取向和侧重卫生行政管理的实务模式。该实务模式主要适用于宏观制度分析和卫生行政管理模式研究议题，拟解决的主要问题是确定制度框架的基本特征与核心问题，勾勒特定议题的制度化背景；主要服务对象是医疗照顾、健康照顾服务体系，而非个人；主要服务范围与内容是确定社会面临的主要健康问题，侧重制度框架设计与政策模式选择。

其次，跨文化与文化敏感的实务模式，这个模式历史久远，但是真正发展起来是工业化、城市化、社会现代化和全球化以来的事情，该模式的主要特征是从比较研究的角度，探讨两个以上不同社会或文化的异同之处。跨文化含义是跨越不同文化，也包括一国内不同的文化。跨文化与文化敏感的实务模式适用范围广泛，不仅国际比较和跨国研究可以大展身手，而且对于一个国家内不同文化、不同民族、不同行业、不同服务领域、不同时期和组织也同样适用。跨文化与文化敏感的实务模式拟解决的主要问题是发现不同文化的异同之处，并在参考借鉴比较的基础上总结目标文化的基本特征，以探讨适合目标文化的制度安排与福利服务体系。

最后，健康促进与健康教育的模式。健康促进与健康教育是20世纪80年代以来新兴的公共卫生社会工作实务模式，其主要特点是通过健康沟通、健康宣传与健康教育活动改变服务对象的行为模式与生活方式，改善人们的健康状况。健康促进与健康教育的适用范围广泛，病人、家属、亚健康人群、身体健康人群都可以适用；健康促进与健康教育拟解决的主要问题是改变目标人群的不良行为习惯和不健康生活方式；健康促进与健康教育服务对象多样，病人、家属、亚健康

人群、身体健康人群都是目标人群；健康促进与健康教育服务范围广泛，内容多样，主体是健康沟通、健康教育与健康宣传等；健康促进与健康教育的方法是健康沟通、健康教育、健康宣传、政策倡导和引导正确舆论导向等；医务社会工作者主要扮演健康信息传播者、健康教育者、健康宣传员和健康沟通协调者角色。

3. 医院社会工作实务的基本方法

（1）医院社会工作的基本原则与基本方法

医院、医院社会工作应遵循的基本原则决定医院、医院社会工作采取什么样的基本方法。这里的"基本原则"有双重的含义，一是指医疗卫生机构配备医务社会工作者和发展医院社会工作制度的指导思想与基本原则方针，二是医疗卫生机构配备医务社会工作者和发展医院社会工作制度的基本标准、依据和量化指标。不言而喻，一般来说，指导思想决定量化指标。令人欣慰的是，社会工作的专业服务和医学服务的价值观念是"同源同根"的，如服务有需要的人群，强调人的尊严和价值，以病人和服务对象为中心，诚实和保密，以服务对象的利益最大化为宗旨等。这些充满人文主义、社会福利、社会服务、社会关怀色彩的专业价值理念和职业道德，既为医院社会工作者进入医疗卫生领域奠定了专业价值基础，又说明社会工作、社会福利制度与医疗卫生、卫生保健制度是一体化的，二者之间有着天然的、必然的、不可分割的、紧密的、内在的逻辑联系。卫生保健制度是社会福利制度的重要组成部分。

（2）医院、医院社会工作实务方法概述

医院社会工作实务基本方法众多，方法技巧和实务工作模式多元化，可以确保医院社会工作质量与服务效果。划分医院社会工作方法的标准和角度多种多样，如果按照方法的性质，医院社会工作方法可以分为预防性、治疗性、康复性和保健性，覆盖预防、治疗、康复领域。如果按照标准的社会工作方法，医院社会工作方法可以分为个案工作、小组工作、群体工作、社区工作、宏观社会工作、社会福利行政管理等多种，覆盖医务社会工作所有服务对象群体。如果按照医务社会工作方法技巧性质划分，可以形成由医疗服务、心理治疗到团体治疗、社会治疗的连续谱。由单独的方法技巧到综合性的方法技巧，由以任务为中心的方法到解决问题的方法，由直接提供服务的方法到增加服务对象能力的方法，由改变健康照顾的环境到改变人，医院社会工作方法技巧经历了重大结构转变，反映了健康照顾处境和健康照顾服务体系的变迁。

一般来说，医院、医院社会工作的方法技巧通常是由临床治疗方法开始的，例如生活技能训练和认知康复训练，随后是心理治疗和心理健康方法增多，其中尤以弗洛伊德的精神分析和心理治疗最为典型。健康观念和医学模式转变之后，社会治疗（social treatment）和社会结构因素分析方法日趋流行，例如社区卫生、公共卫生和健康促进方法等。为了解决各式各样的健康照顾问题，医院社会工作者应由注重提供直接的优质健康服务，转变为更加注重增加服务对象的权利，提高他们掌握自己生活和身心健康状况的能力，这就是 20 世纪 70 年代以来在欧美国家日趋盛行的"赋权"或增权理念与策略方法，赋权方法的革命之处是彻底改变服务者与被服务者之间的依赖关系，改变单纯提供服务的目标，真正实现"以人为本"和以服务对象健康需要满足为最高政策目标的健康照顾服务体系建设。

（3）医院、医院社会工作的具体工作方法

医院、医院社会工作的具体化、可操作化的工作方法多种多样，可以适用于不同处境与问题。一是医院、医院社会工作的首要工作方法是个案取向的，这包括个案治疗模式、个案工作模式、个案会议、个案管理、心理咨询和行为干预等不同方式，服务对象主要局限于最微观的个人疾病与健康议题。二是团队工作（teamwork）的方法和模式，这包括医疗团队、专业团队、社区团队和治疗团队等。实际上，现代医疗照顾、健康照顾与社会福利服务的基本特征是多学科的团队合作。三是家庭治疗和社会心理康复训练的方法，这包括结构家庭、联合家庭治疗法和社会康复等。家庭是社会细胞，家庭生活状况是个人福利与身心健康状况的基础。四是健康教育宣传和健康促进，这包括倡导健康生活方式、提升环境保护和健康维护意识。从表面上看，健康促进是从欧美国家起源的，实际上，爱国卫生运动就是中国特色的健康促进。五是资源动员和社区参与，这包括广泛动员社会各方面力量共同关注参与健康照顾服务等。六是社区发展和社区健康服务方法，这包括建立社区健康服务设施和发展社区健康服务等。在中国和其他亚太地区国家中，社区是个重要的社会空间，社区服务与社区发展意义重大。七是社区运动和群众运动方法，这包括爱国卫生运动和广泛动员群众参与健康照顾服务等。从群众中来，到群众中去，广泛组织动员群众，广泛依靠群众，这是中国特色的工作方法。八是健康政策倡导和制度变迁方法，这包括观念更新、重构政策

框架和健康制度改革等方法。九是公共政策和国家社会福利制度创新，这包括社会资源分配模式和国家权力结构转变等。十是国际健康照顾和全球公共卫生，这包括国境卫生检疫和全人类共同防治环境污染等方法。

第二节　医院基本管理制度

一、医院行政管理制度

（一）院办公室工作制度

（1）做好全院的秘书、行政管理工作。协助院领导了解掌握全院业务、行政、后勤工作情况。

（2）安排各种行政会议，负责会议记录以及文件、报告、计划、总结等文字材料的起草，负责会议纪要、决议的印发，并督促检查执行，及时向院长汇报情况。协助院长处理日常行政事务工作，做好职能科室的沟通联系工作。

（3）做好来访、参观等内外宾接待工作，做到安排周密、妥当、热情。

（4）做好行政类文件的收发、登记、编号、传阅、收回、催办、归档及保管工作，针对文件内容，提出拟办意见，对上级机关和有关单位的通知及时汇报有关领导，并请示办理意见。

（5）组织文件的打印装订工作，做到准确及时、字迹清楚，无特殊情况不得拖延。

（6）搞好对档案室、总机室、打字室、汽车司机的管理，适时安排医院总值班工作。

（7）及时做好信访工作，热情接待，做到有登记，有结果，不积压，不拖延，重大问题及时向领导报告。

（8）认真做好监督印刷打字、通讯联络、外事接待、印章管理等工作。

（9）做好医院年初工作安排，中期、年终工作检查、评比和全院工作总结等。

（10）深入科室了解情况，收集信息资料，进行调查研究。主动给院领导提供有关情况，发挥参谋、助手等作用。

（11）院领导交办的临时性工作要尽快完成并随时汇报。

（二）医院会务管理制度

医院会议是安排、布置重要工作，传递和反馈医院各种信息的主要途径，完善的会务管理制度是各类会议正常召开的基础保障。

（1）院办公室负责承办院长办公会、院周会、全院职工大会以及院长召集的各种专题会议和医院领导委托承办的其他各类会议。

（2）党群工作部负责承办党委会、党员大会、支部书记会议。工会负责承办职工代表大会、工会会员代表大会、工会委员会、女职工委员会等。

（3）其他业务性会议，如科主任会议、护士长会议、学术委员会等，分别由医教部、护理部、质控部等有关部门承办。

（4）承办具有一定社会影响力的大型会议及重要的外事接待活动，由院办公室负责或配合有关主管部门拟定接待计划，安排会议议程，并将会务接待工作进行分解，分别落实到各职能部门。各部门在接到任务后应立即开展相应的工作，共同配合，保证会议的顺利召开。

（5）各部门承办会议须提前到院办公室进行登记，院办公室根据登记情况制定下周各类会议时间安排表，报院长审定后，于每周末发至全院各科室。各科室根据会议安排按时参加会议，承办会议的部门负责会务工作。

（6）院办公室根据每周会议安排表，提前准备好会议室，包括桌椅摆放、灯光调试、音响设置等，应保证各类会议的正常召开。

（7）会议承办部门要拟定好会议议程，在会议前一天呈送会议主持人，并负责通知有关领导和人员参加会议；会前须提前半小时到达会场，按时清点到会人数，及时催请未到者。

（8）会议承办部门负责做好会议记录，会后及时整理会议纪要，并报院长审阅，一般要在会后一日内印发至院领导和相关部门。

（9）会场照相、摄像可根据需要由承办部门自行实施，也可进行申请，院办公室予以支持。有关会议的图片资料应在会议结束后由院办公室整理，年终归档。

（10）医院会议室由院办公室统一管理和安排使用，任何部门未进行登记不得随意使用，当会议较多发生冲突时，由院办公室做好协调工作。

（11）院办公室要负责保管会议室内所有的财产和设备，未经允许不得擅自外借或私自使用；同时要保持会议室的清洁和卫生，督促保洁人员按时清扫。

（三）医院领导制度

1. 医院院务委员会

以院长为首的医院院务委员会是医院最高行政决策机构。由正副院长、党委书记、工会主席和部分职能部门的负责人组成。医院院务委员会的主要任务是审定办院方针、院长任期目标、科室设置、年度工作计划与总结、财务预算与决策、培训计划、规章制度、工作报告及其他重大事项。

2. 医院院长与副院长

院长是医院最高行政负责人，具有法人资格。受政府委托负责医院的行政管理，对外代表医院，对内主持医院日常行政业务工作。院长对经医院院务委员会和职代会通过的各项工作和重大问题有决策权，对医疗、教学、科研和行政管理工作实行集中统一领导和全面负责。副院长经院长授权协助院长分管部分工作。

3. 医院工会与职代会

医院职工代表大会是医院民主管理和监督的主要组织形式，接受医院党委的思想政治领导。职代会参与医院的民主管理，维护职工的合法权益，发挥桥梁与纽带作用。医院工会为职代会闭会期间的日常办事机构。

4. 医院党委会

医院党委会是国家各项方针、政策在医院贯彻执行的保证监督机构，也是医院党务工作的最高决策机构，在医院中处于政治核心的地位。对工会、共青团、妇女等群众组织实行思想政治领导。医院党委参与医院行政重大问题的讨论和决策，支持院长依法行使职权。

二、人力资源部工作制度

（1）根据医院的编制规定，结合实际情况，合理编配各科室工作人员，要定机构、定编制、定人员、定工作任务，做到业务和能力的平衡，人员素质和效率的平衡，积极引进、调配和安排试用各方面的人员，确保医疗和各项业务工作的正常进行。

（2）人力资源部人员必须认真学习人事工作业务知识，忠于职守，坚持原则，秉公办事，不谋私利，遵守保密制度，严守机密，工作谨慎。

（3）经常深入科室，调查研究有关情况，做到反映准确、解决问题及时。

（4）定期召开科务会议，研究有关问题，认真开展批评与自我批评，加强团结、互助协作。

（5）按时完成人事统计、劳动工资等报表。

（6）做好各种统计报表工作，统计要准确，上报要及时，定期分析统计数据，及时向院领导反馈信息，建立积累各种原始统计资料保管制度。

（7）关心职工生活，对老、病、婚、丧者，家庭生活有困难的职工，及时向有关领导部门反映，积极帮助解决。协助工会做好职工生活福利工作。

（8）对干部、工人的人事档案管理，按上级要求，档案内容要准确、可靠、合乎标准，外形结构上要整洁统一，方便实用；管理上要科学严密，专职负责。档案柜要防盗、防潮、防火、防蛀。

（9）管理职工劳动考勤，建立考勤制度，要定期总结，根据不同情况进行表扬、批评或纪律处分。抓好经常性的纪律教育，并按照国家规定办理职工的奖惩工作。

三、医院财务部工作制度

（1）认真贯彻执行国家的财经方针、政策及医院制定的各项财务制度。财会人员要以身作则，奉公守法，不徇私情。

（2）建立健全财务人员岗位责任制，做到事事有人管，人人有专责，办事有要求，工作有检查。既要明确分工，又要密切协作。

（3）根据事业计划，正确编制年度和季度的财务计划（预算），办理会计业务，按照规定的程序的期限，报送会计月报、季报和年报（决算）。

（4）组织合理收入，严格控制支出。凡是该收的要抓紧收回，凡不符合财务开支标准和开支计划的要拒付。临时必需的开支应按审批手续办理。

（5）当好领导参谋，进行经济活动分析，及时汇报业务收支、财产管理等情况，会同有关部门做好经济核算和管理工作。

（6）医院对外所有开支均应取得合法的原始凭证（如发票、账单、收据等）。原始凭证由经手人、验收人和主管负责人签字后，经财务会计审核制单后，出纳付款结算。

（7）会计人员要及时清理债务，防止拖欠，避免呆账。

（8）财务科应与有关科室配合，定期对房屋、设备、家具、药品、器械等国家资财使用情况进行监督，清查库存，防止浪费和积压。

（9）银行账号和支票不得出借给任何单位和任何人。签发空白支票时须严格登记，不得签发空头支票。领用支票要办理手续，支票领出不得转让他人，并在5天内交回注销。支票填错，不得涂改，应加盖作废章以示作废。丢失支票要立即向银行挂失。

（10）每月核对银行存款、填制银行存款余额调节表，发现差错及时查询，做到账账相符。

（11）库存现金不得超过银行规定限额或以白条顶现金库存。严禁挪用公款，或以长补短。出现差错应如实反映，经领导研究处理。

（12）当日收入的现金当日送交银行，编制日报表。收款收据存根及时复核，并签章。发现差错后能更正的立即更正，需要赔偿的应及时汇报领导，酌情给予赔偿处理。

（13）做好原始凭证、账本、工资清册、财务决算等核算资料的归档、整理、装订工作。财务部保管一年，一年后交医院档案部门保管。

第三节　医院管理相关法律法规

一、药品与医疗器械的相关法律法规

药品及医疗器械关乎患者的生命，我国法律对药品和医疗器械的生产、流通制定了严格的准入制度，对药品及医疗器械的进口、临床实验规定了法定的程序和步骤，对医院在药品的进货、验收时规定了相应的义务。同时我国正逐渐完善药品召回制度。

（一）药品管理相关法律法规

1. 医疗机构的自制药剂的管理

根据法律规定，医疗机构配制制剂，须经所在地省级人民政府药品监督管理部门批准，发给《医疗机构制剂许可证》。所配制的制剂，应当是本单位临床需要而市场上没有供应的品种，不得在市场上销售。

2. 医院对药品供货环节的审查义务

根据法律规定，医院只能向有药品经营许可证的药品经营公司采购药品。同时，医院对所采购、应用于临床患者的药品，有审查的义务。但是医院的审查义务仅限于表面的验收，即对药品的有效期限、包装的完好程度、液体是否存在杂质或变形等进行审查，而不是对购入药品进行质量鉴定。

3. 药品不良反应报告及药品召回制度

医疗机构必须经常考察本单位所生产、使用的药品质量、疗效和反应。发现可能与用药有关的严重不良反应，必须及时向当地省级人民政府药品监督管理部门和卫生行政部门报告。

4. 关于假药、劣药的法律问题

按《药品管理法》规定，有下列情形之一的为假药：

（1）药品所含成分的名称与国家药品或省、自治区、直辖市药品标准规定不符合的。

（2）以非药品冒充药品或者以他种药品冒充此种药品的。

有下列情形之一的药品按假药处理：

（1）国务院卫生行政部门规定禁止使用的。

（2）未取得批准文号生产的。

（3）变质不能药用的。

（4）被污染不能药用的。

按《药品管理法》规定，有下列情形之一的为劣药：

（1）药品成分的含量与国家药品标准或省、自治区、直辖市药品标准规定不符合的。

（2）超过有效期的。

（3）其他不符合药品标准规定的。

根据法律规定，凡是将假药、劣药应用于临床的，公安机关均可立案调查。

5. 麻醉药品的特殊规定

（1）麻醉药品的购用范围：麻醉药品的使用只限于医疗、教学和科研需要。设有病床、具备进行手术或一定医疗技术条件的医疗单位，可向当地卫生行政部门办理申请手续，经上一级卫生行政部门批准，核定供应级别后，发给《麻醉药品购用印鉴卡》。该单位应按照麻醉药品购用限量的规定，向指定的麻醉药品经营单位购用。

（2）麻醉药品的长期供应：经县以上医疗单位诊断确需使用麻醉药品止痛的危重病人，可由县以上卫生行政部门指定的医疗单位凭医疗诊断书和户籍簿核发《麻醉药品专用卡》，患者凭专用卡到指定医疗单位按规定开方配药。

（二）涉及医疗器械管理的相关规定

1. 医疗器械的分类

国家对医疗器械实行分类管理。分类的依据主要参考安全性、有效性、对人体是否具有潜在的危险来考量。具体分类如下：

第一类是指通过常规管理足以保证其安全性、有效性的医疗器械。

第二类是指对其安全性、有效性应当加以控制的医疗器械。

第三类是指植入人体，用于支持、维持生命，对人体具有潜在危险，对其安全性、有效性必须严格控制的医疗器械。

2. 一次性使用无菌医疗器械的特殊规定

（1）资格审查：医疗机构应从具有国家批准的《医疗器械生产企业许可证》或《医疗器械经营企业许可证》的企业购进无菌器械。

医疗机构应建立无菌器械采购、验收制度，严格执行并作好记录。采购记录至少应包括：购进产品的企业名称、产品名称、型号规格、产品数量、生产批号、灭菌批号、产品有效期等。按照记录应能追查到每批无菌器械的进货来源。

（2）医疗机构的报告义务：医疗机构发现不合格的无菌器械，应立即停止使用、封存，并及时报告所在地药品监督管理部门，不得擅自处理。

经验证为不合格的无菌器械，在所在地药品监督管理部门的监督下予以处理。在我国，生产、经营、使用单位存有过期麻醉药品和精神药品的，由药品监管部门负责监督销毁，医疗机构存有上述药品的，由卫生主管部门负责监督销毁。

医疗机构应当建立药品、医疗器械出库复核制度。过期、变质、失效、国家明令淘汰以及其他不合格的药品、医疗器械不得出库使用。

医疗机构使用无菌器械发生严重不良事件时，应在事件发生后 24 小时内，报告所在地省级药品监督管理部门和卫生行政部门。

（三）医疗机构违反药品、医疗器械管理的法律责任

根据法律规定，医疗机构如果违反相关的管理规定，需要承担相应的法律责任，包括行政责任甚至刑事责任。对单位处以罚款，对相关责任人予以罚款等行政处罚直至追究刑事责任。

《刑法》修正案"六犯罪"的主体，增加了"其他单位"，加大了对商业领域的各种贿赂违法行为的打击力度，规范了医院药品、医疗器械的招标、采购、使用各个环节，明显加大了不法分子的违法成本。

二、医患关系相关法律法规

（一）医患法律关系

随着医疗纠纷日益增多，医患矛盾日趋激化，医患关系引起了社会的广泛关注。由于我国还没有一部可以全面调整医患关系的医事法，实践中医患关系的法律属性存在着相当大的争议，直接影响了对医疗纠纷的处理。

1. 医患关系

要正确认识医患法律关系，首先必须对作为普通社会关系的医患关系有所认识。从医患关系的实际情况出发，可以把"医"和"患"界定为与医疗活动有直接关系的双方当事人，分述如下：

（1）医患关系中的"医"是指医疗机构和医务人员

《医疗机构管理条例》规定，医疗机构应包括从事疾病诊断、治疗活动的医院、卫生院、疗养院、门诊部、诊所、卫生所（室）以及急救站等。

在医疗活动中虽然患者直接接触的是具体的医师、护士、医技人员、护工、医务行政管理人员等，但是他们只是医院雇佣的工作人员，在医疗活动中，他们代表医院为患者提供医疗服务，医生的医疗行为是职务行为，由职务行为引发的一切后果归医院承担，在法律上称为法人替代责任。

（2）医患关系中的"患"指的是在医疗机构中接受医疗保健服务的患者

医疗保健行为的直接作用对象为患者。医疗保健行为的一个重要特点即在于它会对患者的身体、健康以至生命产生直接的影响，患者是医患关系中最重要的当事人一方。

2. 医患法律关系

所谓医患法律关系，是指为我国医疗法律法规所调整的医患之间的权利义务关系。目前用以调整医患关系的法律有《中华人民共和国医师法》《中华人民共和国民法通则》《医疗事故处理条例》《医疗机构管理条例》《中华人民共和国合同法》《中华人民共和国消费者权益保护法》等相关的法律法规和司法解释。

在司法实践中，同一起医疗纠纷既可以适用民法通则，也可以适用合同法。由于这些法律对于医患双方当事人的法律关系有不同的认定，内容上也有冲突，使得同一案件运用不同的法律来解决就可能出现不同的结果。

根据现有的法律规定，主要存在四种医患关系的法律定位：

（1）医患关系定位为医疗服务合同关系。我国合同法第二条规定"合同是平等主体的自然人、法人、其他组织之间设立、变更、终止民事权利义务关系的协议"。目前我国部分法学家及执法机关（尤其是审判机关）都认为，医患法律关系是一种民事合同关系。

患者到医疗机构要求诊断、检查、治疗，提出挂号视为要约，医疗机构给予挂号、接诊，给患者进行了诊治和医疗保健服务视为承诺，双方即产生了权利义务，形成了医疗服务合同关系。医疗机构基于医疗服务合同负有为患者提供准确、及时的医疗服务合同义务，当患者认为自己的权利受到侵犯、身体受到损害，可以依据合同关系主张权利，可向法院提起医疗服务合同纠纷的诉讼，主张医疗机构的医疗行为违反了合同约定，要求医疗机构承担合同违约责任。

应该说医患关系不是典型的合同关系，只是有部分合同性质，只能是一种非典型的民事合同关系。

（2）医患关系定位为医疗侵权法律关系。这是当前被社会普遍认可的法律关系，即当医疗机构因医疗过失（或者过错）致患者发生人身损害的结果时所产生的侵犯患者权利的民事侵权赔偿关系。最高人民法院《民事案件案由规定（试行）》中规定，在人身损害赔偿项下，设立医疗事故损害赔偿作为医疗纠纷案件人民法院立案的案由之一。

目前，最高人民法院将医疗侵权纠纷分为两类，一类是由医疗事故侵权行为引发的医疗赔偿纠纷，另一类是由医疗事故以外的原因引起的医疗赔偿纠纷（即一般医疗侵权纠纷）。一般医疗侵权纠纷是指在四个医疗事故等级中未包括的部分，其中还包括医方承认有过错但未申请进行医疗事故鉴定的，以及医疗事故鉴定结论不公正的部分；而不是指凡是不构成医疗事故的都包含在医疗事故以外的原因引起的范围之内。

（3）医患关系定位为公共管理法律关系，又称强制诊疗关系。根据《中华人民共和国传染病防治法》第五条第三款及第二十四条的规定，医疗机构负有对传染病人进行隔离和进行必要治疗的责任。此时医疗机构是基于法律的规定，为保障人民健康，保证公共卫生安全，对患者施行强制诊疗行为的，由此而产生的医患法律关系就是公共管理法律关系。其法律特征为：医疗机构是按照法律规定对患者进行强制治疗；患者对医疗机构和治疗无选择权。医患之间不具有平等的权利和义务。如果患者认为医疗机构在对其进行治疗时，损害了自己的利益，可以向人民法院提起行政诉讼。

（4）医患关系定位为医疗消费服务关系。本类法律关系在国内争议不断，在广东、福建、浙江等地已经以地方立法的形式，将医患纠纷纳入《消费者权益保护法》的调整范围，四川最近也出台了类似的草案。但是，将医患关系定位为医疗消费服务关系实有不妥，因为医疗服务有其特殊性，不是一般的商品。

在以上四种法律关系中，除医患之间的公共管理法律关系（强制诊疗关系）属于公法调整的以外，其余三种法律关系均属于私法调整范畴，受民法和民事诉讼法的调整。医患关系本质上是一种民事法律关系，所以医患纠纷应属于民法通则的调整范围，但由于它又是一种特殊的民事法律关系，应当单独立法进行规范。

在医疗过程中因医疗器械、药品、血液给患者造成损害的，可适用买卖契约的有关规定，这时患者应归为消费者，给患者造成的损失可以依据《消费者权益保护法》予以赔偿。因患者及家属住宿租用医院的医疗生活用品，如床铺、水瓶等产生的纠纷可适用租赁契约的规定。对医疗过程中医疗事故的处理如诊断、治疗、手术等产生的一般纠纷可适用《合同法》中的委托合同来解决，但在医疗活动中对患者的身体健康造成损害，患者要求赔偿的纠纷，如果属于医疗事故的，可以根据《医疗事故处理条例》来处理，如果不属于医疗事故的，应根据《民法通则》来追究医疗机构的责任。对于因医疗美容而造成的损害赔偿，应属于侵权责任和违约责任，受害人可以选择要求医疗机构承担违约责任或侵权责任。对于非契约性的医疗纠纷，由于患者的强制治疗义务是国家公权力的行使，对于强制

治疗尤其是预防接种的损害赔偿，可以适用赔偿法由国家给予赔偿。

（二）医患的权利与义务

在医患法律关系中，医患双方的权利与义务是非常重要的，但我国目前尚没有一部法律明确规定医患之间的权利与义务，只是在《中华人民共和国执业医师法》《医疗机构管理条例》《医疗事故处理条例》中对医患双方的权利和义务作了一些规定，现归纳如下：

1. 医方的权利和义务

（1）医方的权利

1）医方的诊疗权。根据《执业医师法》的规定，执业医师享有诊疗权。要保证医生诊疗权的顺利行使，必须做到充分告知，让患者了解自己的病情、需支付的费用、医师的诊断及其疗效、疾病的转归以及医院的诊疗秩序和规章制度等。只有在患者对自己的生命健康掌握了主动权的时候，才能充分保障医方诊疗权的实现。

因医疗工作具有高风险、高技术等特点，医院工作人员在医疗过程中享有医疗意外、并发症的免责权，在特殊情况下享有否定和拒绝治疗、采取行为控制、适当隐瞒病情的权利。

2）医方的医学研究权。所谓医学研究，指医院和医生为了发展医学科学事业，提高医疗技术水平，以研究为目的，在医疗过程中，在人体上试用新药品、新技术、新方法、新器械等的行为和活动。医学的临床性、实践性等特点决定了许多重要的医学试验必须在特定患者身上进行。具体到特定的医患关系中，要求医方必须首先在充分告知的情况下获得患者的书面同意，在研究中必须保证对患者作为人所应有的尊重，要将研究可能造成的伤害尽量降低，对医学研究给患者造成的伤害要给予充分补偿。

3）医方有收取患者医药费用的权利。医疗合同是双方有偿合同，医院在接受患者之后，依据法律、法规收取挂号费、诊疗费、住院费、手术费等各项费用是其合法权利。

4）医方有对患者进行管理的权利。患者在进入医院后，医院凭借其医生的知识、经验、技术加之各种设备对患者进行治疗，其间要对患者实行多方面的管理，如让病人按时吃药，不能随意活动，针对不同的病人有不同的管理，只有多方面的配合才能实现治疗目的。

5）医疗机构的财产所有权、知识产权、名称权、名誉权、荣誉权、债权受法律保护，对侵犯其财产权、名誉权、债权及其他权利的行为，医院有权诉诸法律以维护自己的合法权益。

（2）医方的义务

1）告知的义务。告知义务是医患关系中医方的一项基本的义务。对医疗机构及其医务人员来说，这种告知应当做到全面、通俗、精确和真实。尊重患者的知情同意权，在实施检查和治疗前履行告知义务，在征得患者同意的前提下实施检查和治疗。

2）及时合理诊治患者的义务。医疗活动的特点决定了医方必须及时、合理地对患者实施救治。医院及其工作人员必须努力提高医疗技术水平和医疗服务的责任心，保证对患者进行及时合理的诊治。

3）保护患者隐私的义务。患者在诊疗活动中常常需要将隐私暴露给医护人员，医护人员无论在诊治前或诊治后都应尊重并保护患者的隐私，否则就会侵犯患者的人身权。

2. 患方的权利和义务

（1）患方的权利

患者享有的权利包括：患者的生命权，身体权，健康权，平等的医疗权，隐私权，知情同意权，复印、复制病历资料以及及时得到抢救的权利等。下面重点阐述隐私权和知情同意权。

1）患者的隐私权。隐私权是公民的一项重要的宪法权利。医疗活动的特殊性决定了它经常会涉及患者的各项隐私。因此，医院及其工作人员必须注意保护患者的隐私，严禁利用医疗活动之便侵犯患者隐私权。

2）患者的知情同意权。与医院的告知义务相对应的是患者的知情同意权。患者的知情同意权，可以分为密切关联的两部分，即知情权和同意权。患者的知情同意权是现代医患关系中患者的一项重要权利，它体现了对患者主体地位的肯定和尊重，是保证医疗活动顺利进行的基础。

（2）患方的义务

患方在依法享有各项权利的同时，负有以下义务：

1）说明的义务。为保证医生能在充分了解病人相关情况下作出准确的诊断，患者必须详细说明自己的病情和病症，如实告知既往病史，不得有隐瞒和欺骗。

2）遵守医嘱，配合治疗的义务。医疗行为是一项复杂的活动，它既需要医生的正确诊治，也离不开患者的积极配合。一方面，患者必须严格遵守医生的医嘱，不能违反；另一方面，医疗活动的最终落脚点在患者本身，这要求患者必须充分调动自身的潜力，积极主动配合医生进行诊疗。

3）尊重医方的义务。患者在医疗活动中必须尊重医务人员及其劳动。治病救人是一项高尚的事业，许多医务人员为了解除他人疾苦，辛勤劳动，不辞辛苦，甚至牺牲自己的利益。

4）交费的义务。医患关系作为一种特殊的医疗服务合同关系，医院及其医务人员付出劳动为患者提供医疗服务，患者在接受医疗服务和药品时，应按规定或约定按时交纳医疗费、住院费及其他的合理开支。

在医疗活动中，医务人员和患者都既受到法律保护，又受到法律的约束，在法律范围内行使各自的权利和义务。只有用法律来调整医疗活动中医疗机构、医务人员、患者及其家属的权利和义务关系，方能保障患者和医疗机构、医务人员的合法权益，促进我国医学科学的发展。

第四节　医院管理新模式概述

医院管理模式一直以来都是医院管理者和政府决策者高度关注的焦点，它直接关系到医院发展的科学性、前沿性和可持续性。新模式是一种根本的管理理念改革与创新，是针对性与普遍性的结合，涉及组织结构、医院文化、新兴技术、绩效体制、人力资源、经济运作、服务保障等。

一、医院管理新模式概念与内涵

（一）基本概念

1. 医院管理模式

医院管理模式是医院的组织结构、医院文化、规章制度、行为规范、工作流程和秩序的总和，也是医院经营管理活动规律在医院工作中的表现和反映。它要求管理体制健全、领导分工明确、职责权力具体，重视管理人员的培养和提高，有明确的目标，注重质量管理的科学性、可行性，注重工作效率和社会联系等。

2. 医院管理新模式

医院管理景明模式是以公共所有制理论（混合所有制的特殊形式）为指导、"二权并重"为架构、"三大特征"为核心、"四方满意"为标准、"五维管理"为手段的医院管理模式。它能满足各级各类医院整体运营管理和医院集团快速复制式发展的需要，确保医院实现区域一流、省内领先及国内外知名的"三级梯"发展目标。

一个理论：公共所有制理论；

二权并重：资产所有权、经营管理权并重；

三大特征：学科精细化分工、护理机场式管理、医院全天候服务；

四方满意：顾客满意、员工满意、社会满意、股东满意；

五维管理：数字化、精细化、规范化、企业化、集团化。

（二）基本内涵

1. 一个理论

公共所有制是混合所有制的一种特殊形式。

（1）混合所有制。中国共产党十八届三中全会指出要积极发展混合所有制经济。混合所有制既是一种社会经济成分，又是一种企业资本组织形式。它是股份制的一种形式，既包括公有制经济，又包括非公有制经济，是不同所有制经济按照一定原则实行联合生产或经营的经济行为。

混合所有制的性质由其控股主体的所有制形式来决定，不能笼统地说混合所有制是公有制还是私有制。从资产运营的角度分析，混合所有制已突破了公有制和私有制的界限，因为无论资本来源是公有的还是私有的，都已融合为企业的法人财产。在现代公司中，各利益主体通过治理结构形成一种混合的、复杂的产权安排。

发展混合所有制的主要意义：①混合所有制为盘活国有资产存量，促进国民经济快速增长，找到了有效的途径。②混合所有制为实现政企分开创造了产权条件。③混合所有制为资金大规模聚合运作以及生产要素最优配置，拓展了广阔的空间。④混合所有制为国有企业顺利转制提供了有利的契机。

（2）公共所有制是混合所有制的一种特殊形式。在所有制的形态上，不是

国有，就是私有，过于绝对化，需要一种或几种"中间"形式的制度安排，如公共所有制。这里的"公"体现政府，也代表全民；这里的"共"体现社会和具体民众，我们大多数的事业单位可以朝着公共所有制的方向改进。企业中，除上市公司已经是公众公司外，许多也可以探索公共所有制的形式。

公共服务是指由政府或公众采购的服务，具有行业准入和行业监管严格的特点，如医疗保健、金融、保险、交通运输等服务。不同产权形式的公司，包括公立、民营和介于公私之间的混合型所有制公司等，不管是什么类型的资本、不管产权比例多少，只要投资公共服务领域就必须接受行业及物价统一监管，成为公共所有制公司；投资医院就必须承担向政府和公众提供医疗保健服务的责任与义务，自然成为公共所有制医院。

（3）医院管理景明模式意在突破体制限制大力发展公共所有制医院。长期以来，国内一直存在公有制对其他经济形式的排斥和歧视现象，既造成了大量社会经济要素的闲置，又无法形成各种经济形式之间的平等竞争，最终导致国有经济战线太长，效率过低，而其他经济形式的优势得不到充分利用。

基于医疗卫生服务属于公共服务、所有医院是公共所有制服务性质的政策设计和实施，使不同投资主体的医院具有公共所有制同一性质、平等地位，不再有公立、民营医院之分，医务人员也不再有高低贵贱之别。基于医疗卫生公共服务理论支持，可以有效促进政府对医疗卫生管办分开、推进医生多点执医、支持鼓励社会资本开办医疗机构等一系列改革。

医院管理景明模式，正是在公共所有制理论指导下，主张对资产保值增值、对合作方互惠互利、对员工持续提高社会地位和经济待遇等原则，公开、公平、开放地与各种形式的法人主体进行合作，组建各种形式的混合所有制医院或医院集团。特别是国家鼓励扶持非公有医院发展的政策环境下，医院管理景明模式力推的公共所有制医院必将大有作为。

2. 二权并重

（1）二权是指资产所有权与经营管理权。资产所有权是资产所有者最基本的权利，简称为产权，表现为资产管理权和资产分配权。经营管理权是指对所有权人授予的、为获取收益而对所有权人的财产享有使用的权利，主要有：经营方式选择权、生产经营决策权、物资采购权、产品销售权、人事劳务管理权、资金支配使用权、物资管理权、其他经营管理权等。

（2）二权并重是指资产所有权与经营管理权同等重要。表现在资产保值增值中的作用同等重要，在企业发展壮大过程中同等重要。资本是基础，经营管理是手段。没有资本，经营管理就没有平台与机会；不懂经营管理，资产就不可能自动保值增值，甚至会成为负资产。

（3）资产所有权与经营管理权的目标一致。资产所有者和经营管理者都期望通过对资产有效经营管理取得最大经济效益，但是，有的资产所有者并不善于经营管理，这可以通过引入职业经理人，建立现代企业制度，确保取得资产最大效益。

（4）二权并重也体现在资产所有权和经营管理权共同取得。在医院集团发展到一定规模时，可以通过购买直接获得产权，可以通过参股控股获得对资产的处分权；对于暂时无法收购、参股控股的医院要将经营管理技术纳入股份，确保集团对医院资产和经营管理的话语权。

二权并重，一方面是保护原有法人主体的权益，确保资产保值增值；另一方面，也是充分保护经营管理者的权益，使管理者效益通过管理和期权实现。

3. 三大特征

（1）学科精细化分工。推行专业学科精细化改革，实施划小核算单位，使三级科室和护理单元成为医疗、护理和经济的自主运行单位，避免以往传统的综合医院以二级学科为主、三级学科划分不明确、学科专业精细化缺乏的弊端，形成"专科中心—二级学科—三级学科"的新格局。通过公开竞聘学科带头人，有利于岗位成材，有利于专业人才引进，有利于调动每个人的积极性。

（2）护理机场式管理。护理机场式管理是指医护分开的前提下，将医院床位按一定规则划分给若干护理病区，使护理病区作为独立运行单位，工作自主安排，行政管理按"三级学科"运行。护理病区是医院护理经济管理的独立成本核算和奖金分配实体。

护理机场式管理，把护士长同时任命为病区主任，负责统筹病区护理资源、协调和制订病区管理制度，保障各学科专业顾客医疗连续性、有效性和可追溯性。有利于护理管理人员的"责、权、利"的协调统一，使护士长成为护理病区的直接责任人，有利于建立健全配套管理制度，规范调整护理工作流程；合理设置护

理岗位，护士角色能级对应。由护理病区分管床位，不分病区，有利于激活床位资源牵引，实现医院床位资源各学科共享，有利于优势学科做大、做强。

（3）全天候服务。通过下放给科主任、护士长按每周40小时排班权利，弹性安排时间，实现"医院无假日、员工轮流休"，使一部分工作人员可以连续休完假期。通过激活节假日闲置的医疗资源和人力资源，实现医院全天候服务，做到在节假日"所有诊室全部开放、所有检查检验项目全部开展、所有费用不另加收"，既缓解了看病贵看病难问题，还使医院每年额外获得118天节假日医疗收入。

4. 四方满意

医院管理景明模式把顾客、社会、员工和股东四方满意作为衡量医院发展的基本标准。

（1）顾客满意。景明模式把医院接诊的健康、亚健康和疾病状态三类人员统称作顾客，主动对顾客实施全生命周期健康管理。没有顾客的满意，我们就没有发展的空间和市场。顾客满意主要体现在以下几个方面：一是服务满意，通过标准化的服务，让顾客次次都满意；二是疗效满意，用较高医疗技术水平，切实解决顾客的就医需求；三是就医体验和环境满意。

（2）员工满意。员工是医院发展的主力和动力。员工满意主要体现在：一是事业平台明显改善。竞争上岗机制让所有人都有机会，都有合适的位置；集团化发展提供集团内部晋升和跨地区交流，让有思路的人有出路，有作为的人有位置，有创新的人有发展。二是快速提高医疗技术水平。集团将通过改善硬件条件，组织培训，提供学习进修机会，扩大业务量，帮助员工快速提高业务技术水平，争取业务技术跟国际、国内一流医院对接。三是经济条件明显改善，保证现有待遇不变，绩效持续增长。四是宽松愉快的工作、生活环境。

（3）社会满意。卫生行政管理机关和医保合作医疗等第三方付费部门对医院经营管理的满意程度，决定医院等级评定、收费标准制定、是否向医疗机构采购服务并及时支付等。医院应该规范经营、积极实施数字化管理，与相关部门主动接轨，赢得信任，让卫生行政机关和监督部门省心、放心。

（4）股东满意。主要指投资人资产能够实现保值和增值，确保每个股东得到合理经济回报和社会赞誉。

二、医院管理新模式组织实施

医院管理新模式，是一套先进、易行、高效、完整的综合性管理体系。对于管理体系相对落后、效率效益整体偏低、已有一定业务规模的医院，适合整体引进这套管理模式。对总体上管理思路清晰、效率效益较好的医院，可按互补性原则，部分引进、借鉴这套管理模式的核心内容，如护理机场式管理、学科精细化分工、医院全天候服务、企业化管理等内容。

（一）资源调查

1. 调查目的

当一家医院决定整体引进这套管理模式后，首先要对该院的资源状况进行整体、全面的调查研究，摸清家底，分析优势与劣势，为制订科学、正确的整改实施方案做好充分准备。

2. 调查内容

（1）基本属性：所有制性质、产权关系、基本规模（床位、建筑、占地）。

（2）基础资源：人力资源、物力资源（含设备）、财力资源。

（3）生存环境：政策环境（含医保）、市场环境、社会地位。

（4）管理模式：组织体系、学科体系、薪酬体系（含绩效）。

（5）法律安全：诉讼案件、重大合同、严重隐患。

3. 调查提纲

调查提纲一般包括以下几个部分。

（1）一般资料

1）医院基本情况概述。

2）医院公司及其下属机构的结构图。

3）一般性文件，包括：①医院成立批文和改制批文；②医院营业执照、机构代码证、税务登记证；③资质证明，二级综合医院、医保定点及其他经营需要的许可证明；④医院公司章程及其他内部管理规则；⑤注册资本、股东出资及验资等资料；⑥股东名册，股份转让登记名册，抵押登记册（如有）；⑦土地证，各类房产证；⑧改制以来股东大会决议记录；⑨改制以来董事会决议记录；⑩医院改制以来的一切重大发展事项的资料。

（2）股东

1）截至目前的所有股东及股权比例。

2）各股东之间的关系（独立或关联）。

3）股权变动的历史沿革。

4）有关股权转让的合同及凭证。

（3）重大合同及关联交易

1）重大合同，包括：①设备采购合同；②药品及耗材采购合同；③建筑及装修合同；④租赁合同；⑤借贷合同；⑥抵押及担保合同；⑦管理层聘用合同；⑧其他服务合同。

2）关联交易：详细披露公司与关联人士（含股东、联营机构、董事及管理层）的关联交易（例如采购、供应、租赁和其他服务的协议）。

（4）土地及房产

1）医院拥有的土地及房产清单（注明有无临建）。

2）医院拥有的土地证，有无租赁土地及凭证。

3）医院拥有的房产证，有无出租和承租房产及凭证。

4）购买土地及房产的合同及凭证。

5）在建工程情况。

（5）业务状况

1）医院各部门、各医疗业务的分类。

2）过去 3 年的收入和成本构成。

3）过去 3 年前 10 项药品明细。

4）过去 3 年前 10 项耗材明细。

5）过去 3 年的门诊、住院统计。

6）过去 3 年各医疗业务的收入、成本、毛利润、收费价格。

7）目前执行的医保政策。

8）信息化管理：信息人员数量、结构、分工，在用信息系统及供应商。

（6）人力资源

1）组织架构图。

2）公司董事资料。

3）管理层（院级领导）及分工。

4）职工分类（按科室）统计表。

5）职工分类（按专业技术职务）统计表。

6）职工福利计划（如有）。

7）考评和奖惩制度。

8）职工退休金。

（7）保险提供有关各类保险资料，包括但不限于：

1）财产保险。

2）员工保险。

3）第三者责任险。

4）有无未解决的保险索赔。

（8）诉讼

1）改制以来发生的所有诉讼、调解、争议、索赔及政府调查（包括已解决和未解决的）资料。

2）已知的将来有可能发生的诉讼和仲裁的任何资料。

（9）医院发展计划

4. 调查报告

在全面、深入调查的基础上，要结合拟引进管理模式的主要方面，对医院现状进行认真分析，提出新模式下的整改建议，形成正式的资源调查专题报告。

如属医院兼并的集团化运作，应结合尽职调查，以尽职调查报告为基础进行整理、定稿。

（二）实施方案

第一阶段：整体引进实施阶段，总时间一般为6个月以内，在集团公司派出的管理领导小组直接领导下开展工作，以景明医院管理新模式各项内容全部实施到位、能够正常运转为基本达标要求。这一阶段是景明模式实施的关键时期，它对景明模式引进成功与否起决定性作用。

第二阶段：巩固提高阶段，时间为6～12个月，由医院本地化领导班子在集团总公司督导下、按照总公司与医院领导班子共同确定的管理目标和制度要求负责医院日常运行管理工作。

第三阶段：为可持续快速发展阶段，一般在新模式整体引进 12 ～ 18 个月之后，医院领导班子在集团总公司的授权式管理下负责医院整体运行管理工作，医院的服务能力、经济效益、品牌形象都进入到可持续快速提升的发展阶段。

（三）宣传动员

1. 目的

医院管理景明模式的整体引进实施，对任何一家医院都是一件历史性的重大事件，对所有员工、特别是医院管理层的思想冲击非常强烈，所以及时做好宣传动员工作具有安全意义，必须引起相关各方的高度重视，提前做好充分准备，以求达到事半功倍的效果。

2. 主要步骤

（1）及时召开各级宣传动员会。主要包括：全员动员大会、领导干部动员宣讲会、机关职能部门新模式引进工作专题宣讲辅导会、科室领导改革方案征求意见会等。

通过这些会议，要最大限度地让全院各级各类人员了解全面引进景明模式的必要性、可行性、优越性，特别是与自身相关事项，要充分地了解、理解，以使其积极配合、主动参与、成为推动改革的促进力量。

（2）充分利用各种媒介宣传造势。要通过悬挂标语、电子屏幕、内部网站、院报等医院现有的各种宣传手段，大力宣传这次引进景明模式的重大意义、医院的三阶梯发展目标、医院要打造的核心文化理念等内容。

（3）宣传动员的主要内容。

1）景明模式的核心内容。

2）医院三阶梯发展目标。

3）人才观：如"赛马不相马、人人是人才""让有思想的人有出路、有作为的人有位置、有创新的人有发展"。

4）竞聘上岗的目的意义和操作方法。

5）信息化管理、全成本核算绩效管理等先进管理方法内容介绍。

第五节　医院管理新模式分类

一、医院体制建设与人力资源管理模式

在社会主义市场经济条件下，医疗卫生服务的建设和发展已经发生了深刻的变化，人民群众对医疗服务的需求和期望也有了明显提升；社会各种资源逐步进入健康服务领域，多种所有制形式对医疗健康行业产生了前所未有的影响，对医疗健康行业的发展起到了巨大的推动作用。在政府对医院管办即将分开、自由执医即将放开的背景下，公立医院对国家优质医疗资源垄断即将被打破，人才、设备、技术、医疗市场等竞争必然在不同类型医院激烈展开。不同类型医院要想获得发展，就应该引进现代企业管理制度，积极改善运行机制，从股权和组织体制层面探索混合所有制医院改革。

（一）医院管理体制概述

管理体制是指管理系统的结构和组织方式。医院的管理体制建设，是根据医院的等级类别、功能任务、所有制形式、政策法规等构建而成的简捷高效的组织形式。

当前，我国医疗行业在改革大潮的冲击下，改变了公有制为主体的单一所有制形式，出现了多种所有制并存，相互竞争、相互促进的局面。尽管目前在中国社会医疗卫生体系中，公有制医院一家独大，能够从政府获得得天独厚的政策、资金、技术、人才等全方位支持，社会的信誉度、美誉度、知名度都是其他所有制医院所不能比拟的，但是在市场经济条件下，随着人民群众对医疗服务需求的日益提高，市场经济规律对医疗服务的冲击，以及各种所有制的相互作用，任何所有制形式的医院都将显示出自己的短板和弊端。充分认识客观存在的优劣势，扬长避短，才能在市场经济环境下保持旺盛的活力。

1. 公立医院

公立医院是在计划经济体制下，由各级政府建设的全民所有制公办医院。公立医院属于纯公益性质，不以营利为目的，为人民群众提供医疗服务。他们是在传统体制模式下建立起来的，由政府业务主管部门统领，结构设置、领导人员的产生都由政府确定。因而，资金、设备、技术、人才都由政府提供。虽然，运行机制吸收了市场经济的一些内容，但仍然具有计划经济的本质。与此相近的还有

一些政府机构或者带有官方性质的医院，这些医院运行的模式基本相同，他们得到政府及主管业务部门的支持份额较多，资金、人才、技术、设备可以直接得到上级业务部门的照顾和倾斜；领导人员的产生由上级决定，一般具有行政级别。他们的运行和决策方式带有政府的性质，制度森严，灵活性不足，自主权较少。

2. 民营医院

民营医院是由社会和民间出资兴办的民营卫生机构，以营利性医院居多，也有少数为非营利性机构，接受政府医疗卫生服务采购。所谓营利性与非营利性医院在经营管理过程中没有区别，只是营利性医院可以自主定价、盈利后允许分红。在全民医保大背景下，对医保合疗病人必须严格遵守物价局定价，超出部分只能患者自己买单；公立医院对人才、设备、技术的垄断，使民营医院吸引病人变得非常艰难。

3. 混合所有制医院

混合所有制医院应该是有两个以上利益主体，以股权聚合的方式而成立的股份制医院，国家企业、事业单位可以占有一定股份，形成国家、集体、外资、个人等资金组成的混合所有制。混合所有制医院运作方式与一般民营医院基本相同，并符合股份制企业的基本要求。股东代表大会为最高权力机构，董事会是最高权力结构，并由职业经理人团队进行经营管理。他们通过为患者提供优质高效的服务，赚取利润回馈投资人和社会。随着国家医疗体制改革的深入，允许并鼓励社会资本参与医院建设，特别鼓励对国有或集体企事业主辅剥离的医院、被裁撤的部队医院进行股份制改造，形成混合所有制医院。

（二）组织结构建设

组织结构建设是医院强化自身管理，优化内部结构，发挥人员潜能，形成高效的工作成果的最基础措施。能否发掘自身特点，汲取医疗改革创新的前沿优势，建设精细、直接、互动、敏锐的组织结构体系，往往是医院管理成功的关键所在。当前形势下，存在着多种医院管理类型并存的情况，主要有：

1. 事业编制的医院

政府主导的公立非营利性医院，沿用多年形成的管理体制，编制严谨，等级健全，组织结构明确。

2. 厂矿企业所属的医院

这类医院一般规模较小，专业类型不够齐全，多数需要自负盈亏，有的生存比较困难，也有的依托原厂矿企事业资金补贴衣食无忧。他们中有许多被社会资金或医院管理公司收购并购，改变了所有制的性质，实行企业化管理，OTA须建立优化的组织结构，引进先进的管理模式。

3. 大学的附属医院

依托大学和医学院校而建，具有雄厚的人才技术和资金的支持，基本上是按照公立医院的管理模式运行，这类医院一般发展较好，特别是位于中心城市的医院，具有得天独厚的市场优势。

4. 军队编制内的部队医院

以军队内部人员为第一服务对象，也对社会公众服务。管理方式既有部队层级管理的特征，又兼有社会医院管理的基本方式。由于地域和管理方式的差异，部队医院发展的差距比较明显，随着先进的管理经验的引进，部队医院发展进步很快。

管理是一门科学，医院管理更有其自身的特点和规律。无论哪种医院管理类型，都应该遵循医院管理的特点和规律，认真探索医院管理的先进经验，适应市场化运作的基本要求，符合管理医院的创新基点，医院管理才能取得事半功倍的效果。

1. 公立医院的组织结构

公立医院一般沿用传统医院的学科建设构建的管理结构，整体上实行党委领导下的院长负责制。机关按医疗、政工、护理、保障四个部门设置，负责全院组织领导和保障。医疗业务由二级科室组成，医疗、护理在共同的建制内，是领导和服务关系。

2. 民营医院的组织结构

民营医院是在公立医院组织结构的基础上，加入市场经济的元素进行改造而形成的组织结构。一般情况下，民营医院实行在董事会（或相应组织）领导下的院长或职业经理人负责制；家族式医院依靠家族单一投资来源，在管理上，规模小时依托家族式管理，发展到一定规模时需要依靠职业经理人进行管理。管理结构横向设置，医疗、护理、设备、人力、资金、物流、保障分项统一管理。

3. 公共所有制医院（景明模式）组织结构

在市场经济条件下，医疗服务领域已逐渐呈多元化竞争格局，如何使医院适应内外环境的变化，实现诸要素的最优整合，使之保持竞争优势，并具有可持续发展能力，是医院管理新模式设计必须着眼的最根本问题。目前公立三级综合性医院受客户资源、人力资源、物力资源等客观因素的限制，其发展正面临由以"硬件和空间"为主的外延式发展向以学科、人才、品牌建设为核心的内涵式发展转变。景明医院模式就是要在资本层面进行股份制合作，由公立、民营、外资等投资人成立董事会，实施董事会领导下的院长负责制。院长为职业经理人，依托其专业和管理优势，实现财产所有权和医院经营管理权分离。这种现代企业组织体制，简捷高效，运行机制也方便灵活，非常适合于公共卫生服务市场竞争。在董事会领导下的院长负责的统一领导机制，明确工作目标，细化领导职责，厘清领导、指导内容与责任。在结构设置上，做到扁平化。按照技术资源、经济资源、客户资源、物力资源等要素设置简洁、直接的结构部门，达到管辖简明具体，上传下达迅速，问题本级解决的目的。业务科室按照企业化管理的原则，实行划小核算单位，三级科室设置，医疗护理分开管理。积极对传统的二级学科模式进行改造，建设"三级科—二级科—专科中心"新型组织结构。

在公共所有制医院建设中，必须充分发挥"市场在资源配置上的决定作用"。积极引入社会资本进行医疗公益性事业建设，引进法人治理结构、建立先进企业制度，从所有权和经营权两个方面加强管理，发挥公共所有制医院的体制机制优势，在政府对公共卫生服务采购中创造竞争优势，促进医院发展。

（三）人力资源管理

医院组织体制、股权结构、运行机制的改变，使人力资源管理在医院管理中的地位和作用发生了显著变化，建立健全和改革人力资源管理模式就显得非常重要。必须改变人力资源管理的传统控制性的效率管理和激励性的目标管理模式，要创造组成人员自我实现、自主创新和自主管理的人力资源管理氛围，以适应现代组织管理的发展方向，这就是人力资源绩效管理模式日益受到重视的原动力。

1. 人力资源绩效管理

人力资源管理是由一系列环节组成的统一体系，是从经济学角度来指导和进行的人事管理工作，是通过招聘、选拔、培训、考核等管理形式来对组织内外的人力资源进行有效的运用。人力资源管理是医院管理中实践性最强的工作，其中对人员的有效培训和准确考核是人力资源管理的重要内容。

（1）人力资源绩效管理不同于人事绩效评估

当前绩效评估风行于各种组织和管理活动中，各类绩效评估方案四处兜售，似乎采用了绩效评估方案就实现了人力资源的绩效管理。另有些人事管理者认为，在追求效率或目标激励的管理模式上加上绩效评估方案就转化为人力资源绩效管理模式，这显然是没有理解人力资源绩效管理的真正意义。绩效从字面上看是指组织实现各项职能、从事各种管理活动所取得的工作业绩和社会效能。

（2）人力资源绩效管理

人力资源绩效管理就是指组织发挥人力资源在组织目标实现过程中的功效并开发人力资源对整个组织生命生长的效能。人力资源绩效管理对传统人力资源管理模式有所继承，如注重组织中人的行为因素和实际表现，强调组织目标的实现等，但更为重要的是发展和创新。

第一，人力资源绩效管理是一个整合的过程，强调组织目标、团队目标和个人目标的整合，同时也是组织内各部门共同参与人力资源的管理活动，这与人力资源在现代管理中的重要性相适应。

第二，人力资源绩效管理强调组织员工与管理者之间平等对话和相互学习，在达成共识的基础上进行契约式合作管理，这与组织结构的扁平、网络化相适应。此外，在强调依靠团队精神提高组织的竞争力的同时，对团队小组绩效和个人绩效给予同等重视，这与组织成员高度的自主性和协作精神相适应。

第三，人力资源绩效管理是以促进组织发展和人力资源的进一步发展为导向，而不是对组织已取得的业绩和个人业绩的评判。这与组织的成长和人力资源的创造力发挥相适应。

2. 员工培训体系

（1）员工培训是人力资本再生产的重要方式

20世纪90年代，人类社会进入了知识经济时代，企业竞争的焦点不再是资金、技术等传统资源，而是建立在人力资本基础之上的创新能力。同时，经济的全球化发展使得企业间的竞争范围更加广阔，市场变化速度日益加快，面对这种严峻的挑战，企业必须保持持续学习的能力，不断追踪日新月异变化着的先进技术和

管理思想，才能在竞争的市场中拥有一席之地。于是，增加对人力资源的不断投资，加强对员工的教育培训，提升员工素质，使人力资本持续增值，从而持续提升企业业绩和实现战略规划，成为企业界的共识。强化员工培训，一方面可以增强企业竞争力，实现企业战略目标；另一方面将员工个人的发展目标与企业的战略发展目标统一起来，满足员工自我发展的需要，调动员工工作的积极性和热情，增强企业凝聚力。充分发挥培训对于企业的积极作用，建立有效的培训体系是达成这一目标的前提条件。

（2）有效员工培训体系的特点

1）有效的培训体系以医院战略为导向。医院培训体系是根源于医院的发展战略、人力资源战略体系之下的，只有根据医院战略规划，结合人力资源发展战略，才能量身定做出符合自己持续发展的高效培训体系。

2）有效的培训体系着眼于医院核心需求。有效的培训体系不是头痛医头，脚痛医脚的"救火工程"，而是深入发掘医院的核心需求，根据医院的战略发展目标预测对于人力资本的需求，提前为企业需求做好人才的培养和储备。

3）有效的培训体系是多层次全方位的。员工培训说到底是一种成人教育，有效的培训体系应考虑员工教育的特殊性，针对不同的课程采用不同的训练技法，针对具体的条件采用多种培训方式，针对具体个人能力和发展计划制订不同的训练计划。

4）有效的培训体系充分考虑了员工的自我发展的需要。按照马斯洛的需求层次论，人的需要是多方面的，而最高需要是自我发展和自我实现。按照自身的需求接受教育培训，是对自我发展需求的肯定和满足。培训工作的最终目的是为医院的发展战略服务，同时也要与员工个人职业生涯发展相结合，实现员工素质与医院经营战略的匹配。这个体系将员工个人发展纳入企业发展的轨道，让员工在服务企业、推动企业战略目标实现的同时，也能按照明确的职业发展目标，通过参加相应层次的培训，实现个人的发展，获取个人成就。

（3）建立有效培训体系的基本原则

1）理论联系实际、学以致用的原则。员工培训要坚持针对性和实践性，以工作的实际需要为出发点，与职位的特点紧密结合，与培训对象的年龄、知识结构紧密结合。

2）全员培训与重点提高的原则。有计划有步骤地对在职的各级各类人员进行培训，提高全员素质。同时，应重点培训一批技术骨干、管理骨干，特别是中高层管理人员。

3）因材施教的原则。针对每个人员的实际技能、岗位和个人发展意愿等开展员工培训工作，培训方式和方法切合个人的性格特点和学习能力。

4）讲求实效的原则。效果和质量是员工培训成功与否的关键，为此必须制定全面周密的培训计划以及采用先进科学的培训方法和手段。

3. 绩效考核体系

绩效考核的基础是员工个人的工作业绩，因此，业绩评估是绩效考核的核心。工作业绩评估手段可以分为正式体系和非正式体系，非正式体系主要是依靠管理人员对雇员工作的个人主观判断；正式体系建立在完整的评估系统之上，强调评估的客观性。

（1）评估目标及其制定原则

业绩评估的目的不仅是为付给雇员合理的劳动报酬提供依据，更重要的是准确掌握雇员个人的能力和工作的创造性，达到雇员个人的发展目标与企业发展目标的一致。因此，制定切实可行的评估目标是绩效考核的基础，在评估目标确定中，要遵守以下原则。

1）雇员对评估目标一定要接受认可，业绩评估目标一定要在上下级之间，主管和雇员之间充分交流的基础上制定。

2）业绩测量手段要可靠、公正和客观，评估后，要将规划业绩和实际业绩的差距及时反馈给被评估者，达到及时沟通的目的。

3）对非业绩优秀者，要帮助和监督被评估者制订完善的计划，根据计划有针对性地进行培训，或提供改进的条件，达到鞭策后进的目的。

4）对业绩优秀者，不仅要给予外在奖励（增加收入），还要给予内在奖励（提供晋升和发展机会），从内外两方面鼓励优秀者为企业做出更大的贡献。

（2）业绩要素

业绩评估要选择一些有代表性的业绩要素，这些要素能够全面、客观地反映被评估者的业绩，也利于评估者做出公正的评价，不同企业在业绩要素的选择上，侧重不同，在业绩要素的选择上要注意：①要和评估方式相结合；②避免选择一

些与工作关系不大，纯属个人特点和行为的要素；③培养关注业绩评估的文化氛围，业绩评估的作用不只是对员工进行整体评价，最终目标是为了激励员工实现企业目标的积极性和创造性。

（3）评估方式

企业业绩评估的方法很多，但先进的评估方法一是体现规范化和程序化的特点；二是注重评估效果，突破为评估而评估，为报酬而评估的传统框架。

（4）实施条件

业绩工资的实施需要具备一些条件，包括：①工资范围足够大，各档次之间拉开距离；②业绩标准要制定得科学、客观；业绩衡量要公正有效，衡量结果应与工资结构挂钩；③有浓厚的企业文化氛围支持业绩评估系统的实施和运作，使之起到奖励先进、约束落后的目的；④将业绩评估过程与组织目标实施过程相结合，将工资体系运作纳入整个企业的生产和经营运作系统之中。

二、数字化医院建设新模式

（一）数字化医院概述

国外的医疗信息专家于 20 世纪 90 年代率先提出了数字化医院的概念，并且不断加以完善。国内专家提出，数字化医院是指在医疗、教学、行政、后勤等方面运用计算机和网络来处理业务，具有无纸、无胶片、无线网络的"三无"特征的医院管理模式。也有专家建议，把"无漏、无疆、无时限"新"三无"作为区域协同医疗背景下数字化医院特征。

1. 数字化医院的定义

（1）狭义的数字化医院

所谓"狭义数字化医院"体系，是指利用网络及数字技术，有机整合医院业务信息和管理信息，实现医院所有信息最大限度地采集、传输、存储、利用、共享，并且实现医院内部资源最有效的利用和业务流程最大限度的优化的、高度完善的医院信息体系，是由数字化医疗设备、计算机网络平台和医院软件体系所组成的、三位一体的综合信息系统。相应的，建立了"狭义数字化医院"体系的医院，便称为"狭义数字化医院"。数字化医院体现了现代信息技术在医疗卫生领域的充分应用，其最终效果是降低医院运行成本，提升工作质量，提高工作效率，提升服务水平。狭义数字化医院是医院自身的、相对独立的信息体系，它依靠医院自身的努力就可以实现。

（2）广义的数字化医院

医疗信息化即医疗服务的数字化、网络化、信息化，是指通过计算机科学和现代网络通信技术及数据库技术，为各医院之间以及医院所属各部门之间和卫生行政机关提供病人信息和管理信息的收集、存储、处理、提取和数据交换，并满足所有授权用户的功能需求，也可称之为广义数字化医院，这是区域协同医疗的基础。根据国际统一的医疗系统信息化水平划分，医疗信息化的建设分为三个层次：医院信息管理系统、临床信息管理系统和公共卫生信息化。

（3）数字化医院与现代化医院的辩证关系

1）"数字化医院"是医院现代化的阶段性成果。医院现代化是一个漫长而复杂的过程，而数字化医院是医院现代化相对发展到一个阶段的产物，是伴随着信息技术和社会生产力的进步逐渐形成并发展起来的，但并不是医院最终的发展模式。

2）现代化医院必定是"数字化医院"。"数字化医院"的建立必然与医院现代化的发展要求相适应，我们也注定要在数字化的大道上越走越远、越走越宽，因此，数字化医院的运行模式也必将是未来医院远景的一部分。

3）数字化医院不等于现代化医院。真正的现代化医院不仅要实现硬件设施上的现代化，更要实现软件素质的现代化。数字化医院是一个以数字技术为核心、网络运行为载体的医院构架，在其运作和不断完善的过程中也需要对医院软件素质进行培育和不断提升。

2. 数字化医院的特征

数字化医院是以网络化管理为基本模式，以信息化为医院发展的基本动力，以信息技术为增强医院竞争实力的基本手段，以信息化建设为医院发展的新的增长点，以信息文化改变着人们教育、工作方式和思想观念的新兴群体形态。从信息的角度出发，将数字化医院的主要特征归纳如下：

（1）应用技术高科技化。以信息技术为先导引发的高科技的崛起，构成了当代高技术发展的主流。信息技术及其成果向卫生领域的渗透和推广应用，促进了医院高新技术的开发利用。发展高科技、引进新概念、应用新技术、推广新经验，是提高医院综合效益和竞争力的核心。

（2）医院工作流程最优化。优化流程是信息化医院最重要的运行机制。传统的手工作业工作流程环节多、周期长、通道狭窄，经常发生工作的延误和堵塞。计算机管理彻底改造作业流程，管理部门、工作人员借助信息技术相互沟通，交流灵活，减少了环节，提高了效率，从根本上实现了"把时间还给医生、护士，把医生、护士还给病人"的目的。数字化医院工作流程的优化是以为病人提供最佳医疗服务为基础的，即一切以病人为中心，努力争取最佳的医疗效果、最低的医疗费用、最短的医疗时间、最少的中间环节、最满意的服务质量。

（3）医院管理模式现代化。医院的数字化与管理模式改革是相辅相成的，离开对医院管理模式的改革，医院数字化是不可能真正实现的；离开医院信息系统的支持，管理模式的改革也是不可能成功的。因此，数字化医院必须实现包括医疗行为、行政组织、物业保障等方面的全方位管理模式的规范化，信息化建设过程也是医院管理模式改造、重建的过程。

（4）实现了办公自动化、无纸化。办公自动化包括医院内、外事务的公用设施与场所的自动化。由于办公自动化的实现，人的判断和决策可以实现高质量化和快速化。各类办公文档的草拟、传阅、存档和管理通过计算机处理和管理，通知、公告、检索、电话会议等构成一个复合系统，通过以计算机为主的各种信息技术和手段，实现办公过程即管理过程的信息化。

（5）医院信息文化氛围浓厚。数字化平台成为员工的工作平台、学习平台和交流平台，成为领导层的管理平台和监督平台，成为病人的知情平台和服务平台，成为与外部的交换平台，影响和引领了员工的思维方式、工作习惯，逐步形成了一种利用信息技术来提升自身及医院价值的医院文化，这种文化与数字化建设的结合，形成一种互动和良性的推动力，推动着医院数字化建设和医院核心竞争力的不断提升。

（6）有远见卓识的领导群体。医院的各级领导对充分发挥医院信息系统的功能具有极其重要的作用。他们应具有一定的计算机知识，能率先应用计算机，大力支持信息技术的应用。他们精通管理知识，有管理经验、决策能力和领导能力，能将这些综合能力与医院信息化建设融为一体，促进医院信息化建设。

（7）能够实现虚拟医院运行。广义数字化医院在"老三无"，即无纸、无胶片、无线网络的基础上实现"新三无",即无漏、无疆、无时限。"无漏"要求医院信息无遗漏,部门、人员、项目信息一个都不能少,所有医院信息能在局域和广域共享;"无疆"指在医院内部医务人员、科室、医院与顾客之间、医院之间和医院与卫生行政及医保合疗部门之间信息可以自由交换、交流,没有疆界限制。通过信息系统,可以进行人机虚拟、流程虚拟、角色虚拟等,可以让机器人执行查询、接受评价,实现人机虚拟;后一环节可以共享前一环节数据,实现流程虚拟;物流会计和财务会计共享流程信息,可以减少人员和环节,实现角色虚拟。

(二)数字化医院建设

1. 数字化医院建设纲领

(1)领导者工程

实施医院信息系统是一项重要任务,必须加强领导工作,其中最重要的是坚持"一把手工程"。原则就是要求主要院领导和机关领导对系统建设、应用工作的组织协调给予高度重视,亲自参与;主管院领导要真正从思想上和行动上成为医院信息化建设的组织者、领导者和指挥者。要根据系统实施的总体目标,将不同部门的人员组织起来,按照既定的规划和实施计划,有条不紊地进行工作。

成立由院长担任组长的信息化建设领导小组,成员包括:医务处主任及主管医疗的助理员、护理部主任及主管护理的助理员、信息科主任、经济管理科主任、药剂科主任、计算机室负责人等。其职责是:对医院计算机网络系统建设和应用进行总体规划;审核和制订系统应用中有关的业务功能、技术规范、工作流程、性能指标和工作制度;负责协调解决医院信息系统建设中的重大难题;部署系统建设和应用中的重要活动;负责医疗工作流程的优化重组;负责信息质量控制等。院长、医务处主任、护理部主任、质量管理科主任、经济管理科主任和信息科主任每周到计算机室集中,现场办公,及时解决工程建设和运行中的问题,从组织、经费、人员三个方面给予充分保证,计算机网络工程领导小组对医院的网络建设进行统一管理与实施。

网络信息系统覆盖下的管理,是信息化、数字化的管理,其精髓在于规范化。没有规范的工作流程,规范的技术标准,规范的规章制度,信息系统就不能正常运转。医院在信息系统建设的全部过程中,要注重围绕确保网络系统的运转,抓好四个规范,推动医院的规范化管理。

1）优化规范工作流程。对住院登记、临床用药、手术管理等20多项工作流程作了优化规范，以文字的形式加以固定，取得了较好的效果。

2）按照信息共享要求规范技术标准。信息系统中的技术标准，是指用规范的语言反映特定的事物，如诊疗字典、医嘱字典、价目字典等，是全院人员的共同语言，是系统软件的基础。技术标准的确立，也就是数据字典的定义工作，具有很强的专业性和技术性，必须以专业人员为主，与计算机软件人员和管理人员共同制定。

3）按照发挥整体功能要求，建立和规范系统运行规章制度。信息系统覆盖了全院所有科室和部门，安全问题、数据维护问题、协调问题等等都可能影响系统的运行。

4）工作流程要先合理化、后数字化。数字化医院建设不是传统医院模式的复制，它是建立以信息化技术为特征的医疗业务新流程、新路径和新模式。首先要实现工作流程的标准化、规范化和最优化，既形成成熟稳定的信息化需求，减少信息化建设过程中的弯路，又能使信息化后的工作流程规范医院的各项工作，从而产生巨大的管理效益。

（2）"三结合"工程

医疗卫生信息系统一定需要IT、医务人员、管理人员的"三结合"。发挥知识互补作用，"三结合"的结果自然是"三满意"。一个具有管理需求牵引高度、业务驱动深度的IT自然具有灵性，必然会受欢迎。IT是实现管理需求和业务行为的工具和表达形式，要把信息化建设作为"三结合"工程、系统工程，作为管理模式进行建设才能抓好。

1）业务驱动。让业务人员充分了解IT，知道应用过程中系统给我们提供什么，要参与其中，而不是手工模式翻版的业务要求。

2）管理牵引。管理人员从人员培训、实施、做字典库等基础工作抓起，不留死角和夹生饭，如医保合疗、合理用药、组织架构与人员代码等。

3）IT实现。IT人员要积极学习和了解软件，既要做好翻译，又要当好培训主角，保障系统正常实施和使用，尽量减少对IT公司培训的依赖。IT人员也指医院的CIO，既要精业务、懂管理，又要会经营。如果IT人员不懂业务、管理，也不知道经营的目的是什么，难免被"挨踢"。

在管理人员和业务人员还不懂得什么是信息化的时候，医疗机构的 IT 人员凭着对 IT 知识技术的掌握和建设信息化的热情，采取照葫芦画瓢方式实现了信息化，满足了部分管理和业务工作需要，也实现了对管理人员和医务人员的 IT 扫盲。

从 IT 企业与医疗机构的关系看，医疗机构从管理和业务两个方面进行了流程优化和组织重建，使信息化建设符合医疗业务与管理实际的要求，IT 企业如果不能在信息系统设计、实施过程中重视业务驱动要求，在管理上不能满足横通互联和区域协同医疗要求，信息系统自然不被欢迎，难以推行。

卫生信息化日益进入新的阶段。IT 作为实现业务自动化和管理精细化的工具，必须时刻为管理和业务服务。在 IT 设计实施过程中，一定要征求业务部门和管理部门意见，按照信息化建设和管理要求，进行流程优化和组织重建，满足业务驱动和管理需求牵引要求，IT 建设就能够实现与管理和业务的"三结合"。

医院信息化建设强调"一把手工程"，但不是投入就一定有好的结果。有一些大医院 IT 投入足够，甚至同类的 IT 系统可以有几个，但在实施、整合的过程中，必然涉及流程优化和组织重建，没有一把手牵头和"三结合"，医疗卫生信息化也只能是面子工程。

（3）全员工程

1）广泛动员全员参与。医院计算机网络建设是一项涉及全院方方面面的复杂工程，从网络布线到软件的运行都需要全员参与。医院在全员发动的基础上，根据信息系统对不同人员的要求，将人员分成医护药技、科室领导和机关干部等三个层次，明确任务和职责，为系统的运行奠定坚实的基础。

数字化医院应该没有死角，这是衡量一个医院信息化水平的关键。数字化改变了工作模式，从信息采集、过程管理等方面，要求信息无缺项、部门无孤岛，不会应用计算机就不能工作。要重视全员培训，制定和应用数字化医院规章制度管理，提高管理效率和智能辅助诊断水平。

2）更新观念调整模式。现代医院管理方法的运用和医院信息系统应用的开展，对传统的组织形式和管理模式提出了挑战，某些传统的组织机构和管理模式成为信息化的绊脚石。例如，医院信息系统的运行改变了医院传统的门诊收费与取药流程。以前，病人凭处方先到药房划价，后到收费处缴费，最后再到药房取药，

流程烦琐，全程手工处理，错误难免，而且信息无法共享和再利用，药房药品的流失无法控制。运行医院信息系统以后，可以做到信息流动，病人不动。病人凭就诊卡可以在任一环节实现缴费，药房根据计算机信息备药、发药，流程简单。信息可共享和再利用，减少错误，还能堵住药品流失。但实行起来阻力颇大，因为，收费处对医院信息系统的不熟悉和面临流程优化、组织重建和减员增效的压力等。

2. 数字化医院建设内容

（1）数字化医院建设理念

1）信息化建设是一个过程。信息化建设是一个没有起点也没有终点的长期过程。一个计算器叫信息化，一个门诊信息系统也叫信息化。

从门诊收费工作站孤岛，到区域医疗、健康信息共享，反映出不同时期的数字化标准。医院信息化已从先知先觉的自觉行动，变为后知后觉的被动行动。当前卫生行政、医保合疗等部门已有明确的具体要求。我们要有先知先觉的意识，信息化建设可以为医院提供很好的平台和基础。

2）横通互联是基础。要做到医院内部信息真正的横通互联，同时也要在医院之间、政府以及全球健康产业中共享信息。在医院内部，健康信息是整个数字化方面非常重要的内容，能够做到内部共享、区域共享、横通互联，才能实现数字医疗、数字城市，继而到数字中国、数字地球。

（2）数字化医院管理模式建设

利用信息平台进行模式改革，建立符合信息化规律和管理要求的新模式。

1）信息化建设强调"通用"。

第一，"通"是基础：新时期医院信息化建设的"新三无"，即无漏、无疆、无时限。

①无漏。一个人、一条医疗信息、一条医院信息、一个医院部门都不能少。医院所有部门和每个人都会借助计算机完成业务工作；医疗信息全部纳入电子病历，历史病历扫描为电子病历；医院信息包括后勤、政工等全部电子化，纳入管理。无漏的基础是无纸、无线、无胶片。

②无疆。线路畅通，带宽足够。医院内局域网实现有线、无线全覆盖，通过防火墙访问外网，外网通过 VPN 连接局域网，消除内外网疆界，实现在有互联

网的任何地方、任何时间都能工作，可以书写病历、下达医嘱。

③无时限。信息系统的不间断服务，使医院门诊、住院、医技部门为病人、医保合疗管理部门提供全天候服务，实现包括节假日和8小时以外时间的服务，做到所有诊室全部开放、所有项目全部开展、所有费用不另加收。

第二，"用"是目的：数字化建设的高级阶段——虚拟化。

①人机虚拟。机器替代人进行工作，如自助触摸屏和顾客手机进行挂号、查询、知情同意评价等。

②流程虚拟。应用腕带技术，护理"三查七对"流程可以精简为"一查一对"，即确认腕带正确地佩戴在病人身上；护理可以共享身份信息、检查检验、病历记录信息，只需关注重点，记录干预措施和效果。

③角色虚拟。财务表单完整信息采集填写，可使流程中部分角色虚化或虚拟。在流程中进行查对，前一个环节为后一个环节服务，后一个环节为前一个环节把关。

④机构虚拟。把药品材料一级库虚拟并入二级库，二级库提请采购要求，一级库落实采购直接入二级库，仅此一项压减一级库存1/3，减少医院资金的沉淀和提高运行效率。把门诊药房与病房药房合并，使在不同货位摆放的药品方便调剂，不必再进行药品调剂出库或借药等程序。

2）医院管理向精细化转变。

床位机场化：以护理机场式管理为基础的医护分开核算，全院床位资源由各护理单元管理，向全院临床医生提供使用。患者产生的收入与成本可进行精确分割至医、护、技，调动护理人员工作积极性。护理部对护理单元进行专业收治准入资格考核，任命护士长为病区主任，协调病区内各学科业务活动，使护理真正达到专业，护士得到尊重、收入得到提高。

核算最小化：通过全员竞聘产生主任、护士长，按照专业精细化要求进行三级分科，核算到班组和个人，实现核算单位最小化，调动班组和个人的工作积极性，使一大批年轻医务人员走上专业化、精细化发展之路，成为业务专家、管理行家。结合绩效考评形成能者上、平者让、庸者下的公平竞争氛围。

专业精细化：确立科室发展专业方向，术有专攻、业有所长。在实行组织结构精细划分的基础上，将医疗、服务、后勤保障、行政管理、市场营销等全部纳

入质量管理与绩效考评体系。

3）决策趋向智能化，考评有数据，决策有依据。应用可持续发展评价体系，从质量服务、规模效率、经济效益、科技成果、团队建设等方面，对二级科、三级科、护理单元、医生、护士进行讲评，实现绩效考评数字说话。

三、医院文化建设新模式

我们正处在一个改革发展不断深入的时代，社会的各个行业和领域都在发生深刻变化。作为引领医院思想行为导向的文化建设，能不能跟上社会发展变革的步伐，适应国家改革政策的变化，是医院建设发展的关键。因此，只有及时更新理念，内容充实新颖，才能保持医院文化的先进性和时效性。

（一）创新是医院发展的不竭动力

当今社会发展趋向多元，人们的思想空前活跃，各种观念不断涌现，"以人为本""人性化服务""人性化管理"等以"人"为出发点的经营管理理念也逐渐深入人心。作为面向社会、面向大众、服务人民健康的医疗领域，也不可避免地需要重新审视自我，审视自己的历史，审视自身的发展过程和精神文化遗存，并不断借鉴中外优秀企业文化发展所取得的丰富内涵和宝贵的思想成果，逐步建构起适应混合所有制经济体制所需要的公共所有制医院管理制度。而医院自身从精神理念、经营哲学、价值追求以及目标的再建与重构，都与社会的变化紧紧连在一起。医院先进文化的确立，有助于拆除经验管理与科学管理之间的藩篱，有助于清除管理者与被管理者之间的心灵壁垒，有助于构筑起医患之间互信的平台，从而真正建立起以"人"为出发点的现代医院管理制度，并由此树立起自身独特的医疗服务品牌，使医院文化步入良性循环发展的健康轨道。

1. 创新文化建设的概念

文化建设创新是顺利开展创新活动的前提和基础，是为创新活动提供强大精神动力的源泉。文化建设创新就是要努力营造激励创新、追求创新的文化氛围，培养对知识永恒追求的科学精神，求真务实的科学态度，充满活力的思维方式和"百花齐放、百家争鸣"的学术氛围。

医院文化创新的最终目的是不断增强医院文化的吸引力、感召力和影响力，确保医院建设的正确方向，实现医院员工的全面进步，促进医院各项事业的可持续发展。

2. 医院创新文化建设的意义

随着知识经济和经济全球化的发展，医疗市场的开放日益扩大，医疗市场的竞争也日趋激烈，以工作人员的素质和智力为核心的人力资源，已成为医院建设发展最为宝贵的财富。医院文化的建设也逐步构成医院赖以生存发展的重要根基，成为反映医院综合实力的重要标志。

（1）贯彻科学发展理论和"习近平新时代中国特色社会主义理论"重要思想的需要。科学发展观和"习近平新时代中国特色社会主义理论"是马克思主义中国化的最新成果，是指导我国改革开放和社会主义现代化建设事业的强大理论武器。

（2）适应医院改革发展形势的需要。文化作为社会存在及其政治思想的反映，由非意识形态和意识形态两部分构成，前者指科学技术、语言等，后者指世界观、人生观、价值观。先进医院文化的建设目标是促进医院全体工作人员牢固树立正确的世界观、人生观、价值观，抵制和消除落后甚至腐朽反动的文化，全心全意为人民健康服务。而正确的思想意识在社会发展的不同时期也有不同的内容，医院文化创新是发展先进医院文化的前提和基础，是发展先进医院文化创新的要求和目的。

（3）实现医院工作人员全面进步的需要。人的发展不仅取决于物质，更取决于精神。人的全面发展是一个不断进取的过程和不断创造的过程，也是一个不断用先进文化取代落后文化的过程。在这个过程中，文化创新具有不可替代的重要作用。医院文化的创新重在强化人本管理，培养团队精神，树立奉献精神，实现社会价值和个人价值的统一，从而有助于启发和挖掘工作人员的潜能，充分调动工作人员的能动性和自觉性，实现医院人力资源的自主开发，有效整合医院员工各类知识资源。

（4）打造医院核心竞争力的需要。核心竞争力是一个医院独有的价值观念同所拥有的各项资源整合下表现出来的整体行为能力，是医院获得可持续生存与发展的基础和源泉。医院文化是一种以人为本的管理理念，重在培植健康的医院精神、价值观念、医院道德、医院风尚以及包括物质环境和人文环境在内的医院环境。而在医院中占主导地位的价值观念是构成医院核心竞争力的无形因素。

（二）医院创新文化建设的原则与方法

医院文化创新，是医院个性现代化、精神现代化的必然要求。文化创新，形式各异，内容广泛，涉及情况不少，需要解决的问题很多。最为关键的是要讲求"入路"的技巧和方法，坚持正确的原则，舍此而谈创新，似舍本逐末，缘木求鱼。

1. 医院文化创新的原则

（1）先进性原则。医院文化失去"先进性"，就失去文化的存在价值。医院文化的先进性，就其个性而言，应以医院自身传统基础为起点，而不是脱离本院实际的简单模仿和"赶时髦"。如评选先进个人和科室时融入医院文化元素，杜绝"轮流坐庄"式的照顾，用工作质量、理论考试、技术竞赛、病人评价等硬指标衡量，被评上的有自豪感和荣誉感，没被评上的心里服气、有差距感。

（2）实效性原则。文化创新，要讲求投入产出，讲求适时效应和质量效益；过时、失效、落后的创新是"白折腾"。所以要在第一时间，用最新思想理念，采取高效的方法举措，引领医疗服务文化的新潮流。

（3）正确性原则。坚持医院文化创新的正确性，就是要符合国家的政策法规，适应人民渴望健康的需要，保证医院健康发展的正确方向，坚持靠社会效益带动经济效益。

（4）群众性原则。"三个臭皮匠，顶一个诸葛亮。"医院文化，要发动员工人人出点子，个个搞创新；创新的文化模式，要组织尽可能多的职工来参与；要尊重、保护职工的首创精神。"众人拾柴火焰高"，只要职工都行动起来，各种矛盾、问题就会在创新中得到解决。医院文化创新的群众性，本身就是一种文化创新。

（5）可行性原则。医院文化创新的"设计"，要能投入"生产"，有具体实在的操作程序和运行办法，能够落实兑现，为工作人员喜闻乐见。比如：根据群众对医疗价格的疑虑，创造性地提出了单病种基本医疗限价服务，有效解决患者看病难、看病贵的难题。同时，在门诊各楼层增设挂号、计价岗位，实现任意窗口挂号、刷卡，减少烦琐程序，方便患者就医。

2. 医院文化创新的方法

（1）连环出新法。例如，鉴于观念老旧，政令不畅，医院创设科级干部考核新办法，变换新举措进行考核，先要求科级干部当即出示各种基础管理资料，交院机关"亮相"，评审打分，记录考核成绩；再以此为基础，组织全院科级干部参观评议，分析优劣，取长补短，督促提高。

（2）比较筛选法。比如，先进有多种评法，从上而下布置，从下而上推选，似很"公允"，实则一人提名，众人附和，心各有"志"；也有搭配名额，照顾"面子"，轮流"坐庄"，"就那么回事"者；还有不限指标，以实绩事迹为准、多则多评、无则不评之举。相比之下，前两种做法老旧庸俗，后者新颖独特，合理有效。比较筛选，就是将几种方案放在一起对比分析，选其优者用之。

（3）引申拓展法。先举一例：原想将电视新闻、特写、专题等分类存盘，院内回放，宣传医院，感染职工；后由此引及电脑网络，在全院播放收看，扩大范围；再借电脑摄制传送各类先进模范"风采录"，制作光盘赠个人做纪念，生发出一串串新做法，创造出文化建设的诸多新成果。这种由浅入深，由点及面，由创新萌芽放大、引申、转移、拓展至另外数起工作的创新，谓之引申拓展法。

（4）联想假设法。联想，是由甲概念想到乙概念的过程；假设，是运用想象力假定条件或结果而寻找创新思路的一种方法。通过正确文化观念的联想，设计出新的工作方法和服务模式，并在实践中加以应用，就可以创造更多的新方法。

（5）基础再造法。基础再造法是对原有模式的更新改造。例如，把学习念文件方法配以本院电视录像，下科室或现场观摩，调研讨论,检查指导等效果较好。

（6）"触景生情"法。调查、走访等活动中，看到现实问题，联系具体工作，就会"见景生情""临场发挥"出新思维新方法。我党科学发展观和"习近平新时代中国特色社会主义理论"思想的创新，很大程度上就是在调研、解决诸多现实问题的基础上逐渐形成的。

（7）综摄集约法。集众人智慧，群策群力想"点子"，共同拟定新"思路"，集中解决一个或数个问题。这种方法通常在具有民主管理模式、活跃气氛条件下适用。

（三）医院创新文化建设的实践

医院文化建设是一项庞大的系统工程，不仅要建起一套自身的医院文化体系，根本的还是要真正发挥作用，收到效果。文化建设重在建设，难在实践。要针对医院自身特点，结合自身的实际，深入研究探讨，广泛征求意见，通过准确定位，找准切入点和着力点，形成自己的文化体系。

1. 追求先进文化理念，形成医院发展愿景

医院通过管理、机制、制度的创新，各项建设能够取得长足发展。但是，要向更高目标迈进，实现跨越式发展，必须认真把握医院建设的特点和规律，解决好价值追求和奋斗目标的问题。以往，虽然医院在机制上解决了与市场经济不相适应的问题，但是正确的发展观和利益观仍然没有得到很好地确立，团队意识和协作精神没有得到真正地体现；通过严格医疗制度，规范了医疗行为，但是被动服务、生硬执行的问题仍然存在，以病人为中心的服务观还没有变成自觉行动；通过现代理念的灌输，求发展、想改革成为医院思想的主流，但是注重个体发展、缺乏科学的竞争意识，不能把个人的追求与医院的发展有机地融合。这些问题的存在，表面上是一些人员思想观念落伍、价值取向偏差、行为习惯滞后，实质上是与先进文化的差距。创建医院文化最首要的就是确立全院人员的共同愿景和不懈追求的奋斗目标，让文化成为激励人、塑造人的原动力。

把先进文化理念作为引领医院方向的基本。先进文化理念是医院科学发展的思想之魂、统揽之纲、行动之据。我们思考问题、做出决策、推动工作都坚持以文化理念为指导，提出和确立"建设一流现代医院"的奋斗目标，制订"坚持以病人为中心，走质量效益型内涵发展之路"等一系列改革思路，推行绩效管理、科主任竞争上岗、"医教研一体化"模式一致改革等，使医务人员在先进文化的实践中，看到医院发展的前景，自觉为医院发展而奋斗。

把先进文化理念作为提高人员综合素质的有效方法。先进文化理念是一种科学的思维方法和工作方法，要注意用这种理念帮助医护人员诠释价值观上遇到的困惑，指导工作中的能力建设，解决生活中的现实问题，缩小个人需要与集体利益之间的差距，增强全体人员的技术、服务、道德等综合素质。让大家懂得素质的全面提升是人员本质的进步，是文化理念内在的要求，也是医院科学发展和建设的必然结果。

把先进文化理念作为建立现代管理机制的重要基础。先进文化理念是指导现代管理机制科学高效运行的思想基础，现代管理机制必须融合先进文化的指导才能发挥最大的效益。要在绩效管理方案中体现先进的文化思想，实行严密规范的"全成本核算、大质量管理、按业绩奖励"绩效方案，形成市场经济条件下医院完整科学的管理模式，焕发每个人的积极性、主动性和创造性；主动与国际质量

标准接轨，全面打造医院品牌，增强全员的竞争意识和发展意识；探索"三级分科、医护分开"用人制度改革，让医院人事管理和利益分配更加具体化、精细化、透明化。

2. 打造独特文化内涵，夯实医院发展底蕴

抓住根本，充分汲取先进文化精华。"坚持以科学的理论武装人，以正确的舆论引导人，以高尚的精神塑造人，以优秀的作品鼓舞人，大力发展先进文化"，用公共所有制理论指导医院建设，提高医院核心竞争力。

认真继承，大力发扬自身文化传统。每个医院都有自己的光荣历史，也都创造了许多优秀文化传统。继承这些优良传统，汲取文化精髓，不仅可以提高建设层次，便于员工接受，而且易于落实。许多医院创造的活泼的文化形式、丰富的文化内容、精彩的文化旋律，积淀了优良的创业文化和奉献文化，具有很强的凝聚力、感召力和战斗力，深受医务人员认同和喜爱。新的历史时期，这些传统文化仍然是医院的宝贵财富，必须大力继承发扬。让全体人员接受传统文化的熏陶和鼓舞，增强荣誉感、焕发自豪感、催生责任感。医院每完成一次大项任务，都要用文化活动的形式再现当时的生动场面，医院建设取得新的发展、受到上级表扬时，也通过文化仪式进行宣扬，激励大家发扬成绩，再创辉煌。还要把现代管理理念溶解在医院文化中，提出"个人利益要要服从和服务于医院整体利益中得以实现""工作人员在医院的主人翁地位平等""工作精益求精，快捷、准时、精确""一视同仁、绩效说话"等为主要标志的医院管理原则，让大家在汲取好、继承中理解先进文化。

大胆借鉴，广泛吸纳现代文化成果。用开放的思维、广阔的视角、恢宏的气度，积极吸收一切有益的现代文化成果。对社会上的文化现象、文化信息，做到嗅觉灵敏，及时捕捉，甚至到国外考察不忘文化建设。近年来，信息传播更加便捷，各种信息的接受非常广泛，使得我们可以从海量信息中学习经验，丰富文化。利用各种机会走出去，实地参观学习，感受中外文化对单位建设和发展所起的效力；组织机关人员对"如何看待利益分配、参与公平竞争、自主创造品牌、扩大人力资源"等类型的价值理论和管理观点，进行梳理、挖掘，引导人员析事明理，辨别正误；征集提炼"追求卓越，持续创新，工作没有分内分外""人人是人才，赛马加相马，德绩加业绩""优势互补，坦诚共赢""人生有远见，工作不分分

内分外"等适用于医院的文化观点，丰富文化内容，充分体现医院文化的先进性和现代性。

3. 致力于改革创新，积极构筑和谐医院文化

和谐社会是民主法治、公平正义、诚信友爱，充满活力、安定有序、人与自然和谐相处的社会。建设和谐文化，是构建社会主义和谐社会的重要任务。医院是社会的重要服务机构，是构建和谐社会的重要组成部分，构建和谐医院必须建设与之相适应的和谐文化。

靠创新理论统领和谐。紧紧抓住以病人为中心这一核心内容，修订完善医院绩效考评内容，本着简洁、高效、实用的原则，促进医院文化有效落实，赋予医院新的文化内涵。

靠科学发展促进和谐。党的十八大提出了和谐发展的要求，体现了发展促进和谐，和谐带动发展的辩证统一。医院要和谐首先要发展。要按照科学搞建设、务实求发展、改革增效益、和谐作保证指导思想，突出抓好倡导和谐风气、规范医疗秩序、提高科技能力三个重点，推动医院在发展中促进和谐，用和谐促进发展。总结宣扬和谐科室、先进个人的典型经验事迹，让大家学有目标、赶有榜样。不断加强医院硬件设施建设，尽早改善医院医疗和生活环境，促进人与环境更加和谐。要正确处理病人需求、经济效益、社会和谐三者的关系，在任何时候、任何情况下都不能偏离医院服务为人民的方向，真正做到无论形势如何变化，全心全意为人民服务的宗旨不能变；无论医院如何改革，医疗服务的质量不降低；无论市场经济如何发展，经济效益和社会效益协调发展不动摇，切实提高医院和谐建设的水平。

靠依法规范支撑和谐。没有规矩不成方圆。政策法律、规章制度是构建和谐医院的重要依据和根本保证，构建和谐医院必须坚持依法规范工作。组织开展"学法规、守法规、用法规"活动，认真学习医院管理、医疗质量、核心制度等政策规定，加大考核力度，做到依法办事、依法行医、依法服务。强化规章制度的执行力，把依法规范作为思维方式确立起来，把落实制度作为日常养成坚持下来，把遵规守纪作为基本要求突出出来，真正建立起正规的管理秩序、工作秩序。

靠人文关怀增进和谐。提倡医学人文关怀是21世纪医学发展的主旋律，它不仅是医务人员职业的新标准，更是对医疗服务行业的新期望。这就要求我们除

了具备业务能力外，还必须具备人文素质，成为医学人文精神和人文关怀的倡导者、实践者。要转变思想、更新观念，充分认识医疗市场竞争不仅是医院医疗技术、设备条件的竞争，更是"人文服务"的竞争。教育大家认真学习理解人文知识、树立人文理念、培育人文情感，设身处地考虑患者的心理感受、生活质量和承受能力，在完成医疗工作过程中，尽量顾及患者心理情感上的需求，引导大家明确医护人员和病人是同一战壕的战友，疾病才是共同的敌人，让患者充分信任医生，心情愉悦地积极配合接受治疗。要努力创造人性化的就医氛围，视患者如亲人，把患者当朋友，从点滴细节入手，多倾听、多关爱、多沟通，用博爱之心温暖患者。维护患者权益，保障患者利益，建立良好医患关系。

靠公平正义维护和谐。没有公平，就没有和谐；没有正义，就没有活力。公平正义，既是和谐建设的重要方面，也是检验一个单位和谐与否的重要标志。要尊重群众主体地位，做决策注重听取群众意见、解难题注重集中群众智慧、干事情注重发挥群众作用，做到重大决策问计于群众、难题攻关借力于群众、敏感事务公示于群众，让他们感受到作为医院主人翁的尊严和光荣，自觉为医院建设发展贡献力量。各级领导办事要出于公心，用公平公正赢得大家对组织的信任、用公平公正调动大家的工作热情、用公平公正激发大家的奉献精神。修订完善绩效方案，按照多劳多得、效率优先、兼顾公平的原则，建立健全科学合理的利益分配机制，把促进医院发展与保障人员利益一致起来，让全院人员共享医院改革发展成果。

第二章 "互联网+"时代医院管理创新

第一节 信息化建设与医院管理创新

一、医院信息化建设的顶层设计

（一）美国医疗卫生信息化建设概况

1. 国家医疗卫生战略

美国卫生信息体系建设机构设在人类健康与服务部，主管卫生信息化发展的实体机构是国家卫生信息技术协调办公室，负责统筹规划全国卫生信息体系建设，协调各利益相关方实现技术应用、标准制定、数据共享等合作。此外，医疗保险与医疗救助服务中心通过管理居民健康档案，促进电子病历普及。

欧美国家十分重视政策的引导作用，卫生信息体系规划以政策法规形式颁布、并以蓝图形式详细描述各阶段的实施步骤及阶段性产出，严格控制实施进度；同时，明确参与国家卫生信息体系建设中利益相关方可能发挥的作用以及受益情况，使各利益相关方明确各自的职责、权利和义务，如美国制定的《复苏与再投资法案》以及德国制定的《法定医疗保险现代化法案》等。建设标准和规范是在国际、国家或行业范围内被公认和普遍执行的文件，是卫生信息系统互连、数据共享、业务协同的前提和依据。卫生信息化项目是推进卫生信息体系建设的重要载体和形式。

2. 主要信息系统

（1）公共卫生信息系统主要集中在生物监测、疾病监测、人口监测、健康促进、流行病的变化等方面，重点关注群体健康。如加拿大公共卫生信息系统能够自动整合公众免疫、传染病、健康记录等信息，可支持公共卫生提供者干预、跟踪、随访、病案管理和疾病报告。

（2）医疗服务信息系统主要包括临床信息系统和管理信息系统，通过对医疗活动各阶段产生的数据进行采集、存储、处理、分析、共享，为医院运行、患者护理等提供全面、自动化的管理及各种服务。在美国，较大规模的医疗机构几乎完成了临床检查和药剂部门的信息化覆盖，较多机构已实现了检查图像信息和医院信息系统的无缝对接，支持医疗服务信息共享。在此基础上，以信息全生命周期管理和统计分析为特点的决策支持功能有效促进了医疗服务信息系统的智能化发展。

（3）医疗保险信息系统是联系支付方和供给方的桥梁，能够自动化处理所有开支、账单及账户等数据，提高了保险筹资、支出和偿还等业务环节的效率，提高了医疗护理的质量和效率，并增强了医疗保险服务的透明化管理。

（4）药物管理系统可分为三个层次：一是面向临床的药物使用系统，监测处方和医嘱中药物间的相互作用，减少差错；二是面向公众的药物信息系统，向公众宣传安全用药知识，提升安全用药水平，美国 FDA 的药审中心 CDER（Center for Drug Evaluation and Research）就是这样一个系统；三是面向管理与决策的药物监管系统，监督药品流通与使用情况，利用电子处方将医生和药房关联起来，记录患者用药情况、跟踪药物使用，为药物政策的制定提供循证决策支持。

3. 发挥社会力量参与信息体系建设

美国在最新的卫生信息化五年规划中明确提出"信息收集—信息共享—信息利用"，将卫生事业改革发展目标作为卫生信息体系建设的行动指南，并与卫生体制改革的内容紧密结合。卫生信息体系建设目标多以定量方式呈现，且正逐步从健康信息交换向业务协同发展。在主要信息系统建设过程中，着重提升患者、医生、药房、医疗保险机构以及行政管理部门等利益相关者的协同性，从而建立良好的卫生信息生态环境，更好地满足患者需求，是国家战略路线。

在政府层面均设置了专门的机构或部门负责全国卫生信息体系的综合协调、规划制定、政策引导等工作。在具体实施中，则注重发挥学术组织、企业等社会力量的作用，如美国由学协会、研究所等机构开展大量信息体系建设的数据收集、标准制定、效果评价等工作。卫生信息体系评价正经历信息化水平评价向建设效果评价的转变，以保证卫生信息体系的可持续发展，为卫生信息共享、系统功能规范和信息服务产业的规模化发展起到推动作用。

（二）我国医疗卫生信息化建设新规划

2015 年 8 月 6 日，中国卫生信息学会副会长、国家卫计委（2018 年已改为国家卫健委）统计信息中心主任孟群在全国信息化建设大会上指出，"十二五"

期间特别关注医疗健康信息标准体系建设，开展了标准的研发、应用和落地工作。目前共发布和正在实施 214 项标准。为了促进标准的落地和互联互通，还开展了标准的成熟度测试，从数据采集、技术规范、功能应用等方面促进信息化水平。标准成熟度测试共分成 5 级 7 档，由第三方严格测评。在此基础上，国家卫计委统计信息中心进行了"十三五"卫生信息化前期研究，并提出一个总的建议："十三五"期间，医疗卫生信息化建设依然要坚持"46312"的顶层设计，重点加强制度建设、人才建设、投入机制建设，特别是法律法规和安全隐私保护方面。国家卫计委统计信息中心提出的"十三五"医疗信息化建设性方案，包括以下几点：①要拓宽广度、扩大试点，强化应用，缩小地区间的差距；②要推进深度、面向公众、服务基层、普及居民健康卡；③要提升精度，进一步推动数据的挖掘和应用，推进精细化管理；④要加大力度、统筹组织领导、加强效果监测评价。

1. 依托区域卫生平台，促进优质医疗资源纵向流动

（1）"十三五"期间，要继续加强医疗健康信息平台的建设。国家发改委已经批准的全民健康保障计划工程一期工程，总投入为 4.9 亿元。这是国家级医疗信息健康平台的总体设计，叫作"1+6"，以国家医疗数据中心为核心，依托于疾病控制、中医药、新农合等 6 个业务应用平台，形成一个医疗卫生的私有云。国家级平台通过和各省级平台、地市级平台结合实现联通，同时形成一个互联网公有的云平台，向公众提供健康服务，与政府的网站群实现联通。

（2）"十三五"期间，我们提出一个数据交换与共享逻辑的架构图。以前业务系统都是垂直的，提高了业务效率的同时也存在着信息不能交互和互联互通的问题。在"十三五"期间，强调国家医疗数据中心的数据汇总，主要通过省级医疗健康平台进行采集。这对 6 大业务平台应用提出支撑，要统一数据采集，分散业务应用；同时通过国家政务信息平台和其他平台进行数据交换。

在促进优质医疗资源流动中，重点加强远程医疗，建立县、乡、村三级医疗保障网。以县级医院为节点，它起到承上启下的作用，让所辖的基层医疗卫生信息到达县医院。县医院再和大型三级医院实现远程医疗。县医院的平台也要依托于区域信息平台，它是区域卫生信息平台的一个组成部分。促进医疗卫生资源的纵向流动，要依托于三级平台的建设。同时要加强远程会诊和远程教育，以及预约会诊、双向转诊等服务。

（3）目前很多省市正在实施和建设基层医疗卫生信息化建设项目。这个项目使得很多省市通过云技术和平台技术的相互结合，来促进和落实基层医疗卫生信息化建设，从而促进数据向下集中，服务向下延伸。要发挥医联体的作用，需要使医疗联盟、医联体率先和所连的医疗卫生机构实现信息标准化和信息的交换。

区域检验影像病理中心是下一步建设的重点，也是促进优质医疗资源纵向流动的重要手段。区域检验影像中心依托于区域卫生信息平台，与所辖的医疗卫生机构、公共卫生服务机构和社区卫生服务中心等实现连接，提供整个健康管理和指导，从而对医疗机构建设提供大数据的支撑。

当前医生多点执业也是促进医疗资源纵向流动的重要措施。它也是依托于区域医疗信息健康平台，医生的相关资格和相关信息在区域平台上都有。在规范和支持医生多点执业方面，区域卫生信息平台发挥十分重要的作用。

（4）国家正在推进深化公立医院改革，其中非常重要的一部分是医院信息化建设。它是以电子病历为核心、以患者为中心，各个业务系统产生了大数据中心。我们将继续推进以电子病历为核心的医院集成平台建设。

公立医院在综合改革中，实行新的薪酬制度。它的依据是医院的绩效服务评价，其中重要方法之一是基于 DRG 的医院绩效管理。通过医院信息系统采集了很多数据，包括病案首页。病案首页是形成 DRG 分组的重要来源和依据。

分级诊疗是公立医院综合改革的一项重要任务。分级诊疗首诊在基层，要加强基层医疗机构的信息化建设。真正实现双向转诊，还要依托区域医疗信息化平台：由基层到大医院，再由大医院通过区域平台到康复机构，实现院前、院中及院后的连贯信息服务。通过区域平台及上下联动，实现远程医师多点执业。

在加强以电子病历为核心的医院信息化管理方面，特别强调电子病历的有效应用。目前，很多医院都建设了医院信息系统（Hospital Information System，HIS）。电子病历在如何以患者为中心的理念上发挥作用，主要分成三个阶段，现在我们特别强调电子病历的有效应用，它是以患者为中心、以提高医疗服务质量为核心。

（5）基本药物制度是国家深化医改的一项重要任务，特别是国家药品保障综合管理系统的建设，将为实现基本药物制度和药物价格的放开发挥重要支撑保障作用。目前，国家药物综合管理平台已建立。

（6）国务院要求普及居民健康卡，实施惠民工程。在国家卫健委领导下，

我们积极推进居民健康卡的便民、惠民作用。

（7）基于大数据的科学决策与监管，已建立了统计、直报和生命登记信息系统。国家正在大力推进国家医疗健康大数据中心，目前已经有这些相关数据的信息，同时加强和各个业务应用平台的联通，特别是将来国家医疗健康卡数据中心的主要数据来源是和省级平台的对接，这样才能构成国家医疗健康大数据中心。

2."互联网＋"时代医疗要融合发展

（1）在"互联网＋"时代，医疗健康必须依托于互联网。互联网已由单向互动的 Web1.0 门户时代，发展到实时互联、各取所需的 3.0 大互联时代。这为"互联网＋"在医疗领域的应用奠定了基础和广阔的市场。"互联网＋医疗健康"包括 4 个基本要素：以互联网为依托，以信息技术，以及云、大、物、移为手段和支撑，与传统医疗服务深度融合，产生医疗健康服务的新业态。

"互联网＋医疗健康"之所以火热，有 4 大驱动：需求驱动（医疗服务驱动）、政策驱动、技术驱动以及资本的驱动。要真正改变过去以业务系统信息化建设为核心向以人的健康为核心一站式服务的转变，"互联网＋医疗健康"发挥重大作用。

（2）传统的医疗服务模式存在着诸多痛点：医疗资源配置不合理；医院就诊环境以及医疗效率有待提高；"三长一短"也是现实；药价虚高、用药不透明；诊疗和康复在某种程度上存在着脱节。"互联网＋"要和传统医疗服务模式结合，产生变革和创新。

（3）"互联网＋医疗健康"要依托于区域卫生信息平台建设。无论是个人健康管理，还是分级诊疗、居家康复，区域卫生信息平台的建设显得尤为重要。真正通过"互联网＋医疗健康"依托于区域卫生信息化建设，实现分级诊疗，降低医疗费用，实现健康管理。

（4）从"互联网＋医疗健康"转换成"医疗健康＋互联网"，会产生哪些新效应？"互联网＋医疗健康"是互联网怎么为医疗健康服务：而"医疗健康＋互联网"主要是指医疗健康需要什么，互联网能做什么。这种思维的转变，在"医疗健康＋互联网"这个环路中，各个角色诉求是：患者希望便捷就医，健康管理，个性化医疗以提高服务质量；医生希望提升自我、体现价值，多点执业，个性化服务；医院提供优质服务，缓解矛盾；医保要控制费用，实现信息的共享；药企希望药品研发和精准营销；政府希望市场准入，行业监管。

（5）目前美国等西方国家已进入新硬件时代，如无人驾驶的小飞行器等。新硬件时代不仅依托于软技术，还要依托新材料、新技术。在新硬件时代，手术机器人、智能药丸使医疗的诊断、检查、治疗一路透明化，它使医疗卫生服务发生深刻的变化。在"互联网＋医疗健康"时代，我们要看到时代的发展以及它在医疗卫生领域的应用，这样才能利用信息技术为居民提供更好的医疗健康服务，为政策部门提供大数据的决策支持。

二、医院信息化建设中存在的问题

（一）缺乏顶层设计与投入不足

20世纪末21世纪初，医疗卫生的信息化建设缺乏国家层面或省市级行政管理部门的统一规划，都是各个医院各自为战，没有统一标准。2010年后出台了规划和一些指导意见，但没有配套政策或行政手段推进和落实，还是由医院与信息化企业合作，各显神通。直到如今，能够实现院间互联互通的医院还是极少数。对医院来说，除了一些近几年新建投入使用的医院可能有顶层一体化设计外，绝大多数医院都是经历了上述的发展历程，先建立一套信息系统，然后根据需要来加进各种子系统，不互联、不兼容、不顺畅、责任不清等问题普遍存在。医院信息化建设是一项较为复杂和长期的工程，是"一把手工程"。但很多医院的一把手都不亲自抓，也不充分授权，关心不够、力度不够，医院信息化建设自然无法顺利进行。当然，大多数医院都是挂着事业单位的牌子，实行的是企业管理和经营。许多医院的资金并不宽裕，需要花钱的地方也很多，投到能挣钱的检查和治疗设备往往是首选。归根到底还是认识高度的问题，其实管理出效率和业绩，没有信息化，就没有精细化的管理，就没有现代化的管理，就很难有更好的经济效益和社会效益。当然医院的本底和所处的发展阶段也很重要。医院的总体设计应该考虑如下方面：

1. 就医流程是否更优化

把优化患者就医流程作为以患者为中心的切入点，充分应用各种成熟技术，如磁卡、条形码、互联网、手机短信和微信等，着力解决诸如门诊"三长一短"等现象。

2. 医疗质量是否更高

充分利用系统信息及集成，让医生及时全面了解患者的各种诊疗信息，为快速准确诊断奠定良好基础；并通过各种辅助诊疗系统的开发，来提高检查检验结

果的准确及时性。努力把医生、医技人员、护士的各种可能的差错降到最低。

3. 病历是否实现电子化

深刻理解电子病历的内涵，丰富原有病历的内容，把包括 CT、MRI、X 线、超声、心电图、病理和手术麻醉等影像图片、声像动态以及神经电生理信号等全新的信息记录在案，使病历更加直观和全面，确保医疗信息的完整性。

4. 工作效率是否更高

充分利用已有的信息平台，将各种现代通信技术和物联网技术、自动化设备和实验室自动化系统引入到医院数字化建设中，减轻工作强度，提高工作效率。

5. 决策是否实现科学化

通过建立强大的管理和诊疗数据等系统，使得医院管理和诊疗决策完全建立在科学的基础上，不断提高管理和诊疗决策水平。

6. 网络是否实现区域化

针对患者的合理需求，充分利用网络资源来提高医疗质量、降低医疗费用和合理利用医疗资源。把区域医疗信息网络作为医院数字化建设发展的高级阶段进行研究和建设。

（二）临床信息系统功能欠缺

临床信息系统（CIS）大多由一家公司开发，列举的功能模块很多，但主要功能还是医生工作站和护士工作站。医生工作站功能包括病历、医嘱的输入，在信息的访问方面，也能查询到检验结果和检查报告，为了帮助医生提高输入速度，想出了许多的办法，医生们也感觉到确实帮助他们节省了部分时间。但是，必须接入检验系统（LIS）、医学影像系统、B 超系统、心电系统、感染控制管理系统、合理用药系统、院长查询系统、自动办公系统、人力资源管理系统、财务管理系统、设备管理系统、耗材管理系统、各类"卡"管理系统等专业公司的子系统，功能才比较强大、好用。没有一家能真正做到比较齐全和好用的，或者直接引入、经过小小的"个性化"改造就能基本满足医院管理需要的。而且，上一个新的 CIS，大多要磨合 1～2 年，有的需要更长的时间。更有甚者，在"开发""完善"的过程中，有的公司根本没有能力满足医院的要求，有的公司人员跳槽了，有的公司运作处在半瘫痪状态甚至倒闭。可是应该看到，医院信息系统是最复杂的企业级的大型信息系统之一，其复杂程度之高是一般的企业信息系统难以比拟的。

（三）信息孤岛密布

上述的各应用系统往往是由多个不同的厂家提供的，出于知识产权和商业利益的保护，各系统之间通常是彼此孤立的，也就形成许多的信息孤岛。国内医院目前拥有的应用软件通常包括门诊计价收费、门诊药房发药、住院医嘱管理与护士医嘱处理、住院患者管理（入院、出院等）及费用结算系统、药物库存管理系统和设备管理系统等，即使有其他供应商提供部分应用软件，它们在数据、工作流等方面都是彼此孤立的，甚至同一家公司提供的软件系统之间彼此的数据都没有实现完全的共享，患者的标识也不是唯一的。想打通这些信息孤岛，需要花大力气和大价钱。大多数公司开发接口都要收费，少则几万元，多则200多万元。不打通这些孤岛，就不能形成一个统一高效的信息化集成系统，不能实现好流程的改造，不能实现精细化管理。

（四）对各类医学信息标准认识不足

国内大部分医院信息系统的开发，供应商往往注重满足客户提出的一些具体的功能要求，而忽略了体系结构的合理性和标准的采用，甚至认为标准没有多大用途。特别是对国际标准，认为不适合中国国情或暂时用不上，不用标准也能满足客户需要。医学标准种类较多，它们的应用侧重点也不一样（部分有重叠）。我们确实存在某些不符合国情的内容，但这不应该是拒绝国际技术标准的理由。不采用标准，最终将在信息共享和不同系统的集成时带来严重的困难和问题。我国医院信息化系统软件开发的产业规模还比较小，水平有待提高。设计符合国情，同时符合国际标准的医院信息系统，是发展电子健康和医院信息化系统的迫切需求。发展电子健康和医院信息化系统，重点是电子病历系统，需要在现有医院信息系统和电子病历系统之间建立一座桥梁，为临床关系密切的系统建立服务联系。

三、信息化建设的未来

（一）助力精细化管理

医院资源规划（Hospital Resource Planning，HRP）概念来自企业资源规划（Enterprise Resource Planning，ERP），需要首先借助一体化的信息系统架构来消除院内的信息孤岛，再通过补充完善或延伸拓展现有信息系统的功能来加以实

现。目前有些医院不但部署医院资源规划，而且实现了医护人员的绩效管理，用以全面考核医护质量和成本核算，不但使医院的资源得到了有效的利用，而且促进医疗向良好的方向发展，并从一定程度上改善了医患关系。

（二）物联网技术在医院内的应用更广泛

物联网技术应用于医院信息化的所有领域，涉及广域网、局域网、无线网、传感网、3G 和 4G 等网络应用领域。物联网技术将越来越多地融入医院信息系统，用于数据采集、医院安全管理、过程控制、任务管理、全过程跟踪追溯等。主要包括：①基于 WiFi 的无线移动查房、无线移动护理工作站、无线移动心电采集、无线移动输液室管理、无线移动麻醉工作站、无线移动资产管理；②患者各种卡的使用管理：就诊一卡通、银医通，患者诊疗身份确认，重点患者定位管理，母婴管理与新生儿防盗，急诊患者管理，患者电子钱包与院内自助消费等；③员工管理：员工一卡通、员工定位、重点部位门禁管理、医院停车场管理系统、医院图书馆管理、医院实验室管理、医院会议签到、员工自助消费、浴室计量、考勤管理、信息系统登录身份确认管理、食堂就餐管理、巡更管理、中距射频识别在医院治疗室和感染性疾病科门禁管理的应用等；④设备、物品的管理：主要包括贵重医疗移动设备的追踪管理，手术包或消毒物品流程跟踪溯源管理，资产盘点与库存管理系统，药品盘点与库存管理系统，气动物流传输系统的应用等；⑤环境监测管理：各类传感技术在医院洁净手术部等领域的综合应用，基于传感技术的环境监测；⑥综合集成数据平台：物联网管理融于医院现有的大规模一体化开放式的医院信息系统，与医院信息系统、LIS、医院影像系统、电子病历、EPR、宽带接入服务器等系统融合集成，员工、患者、物品、设备、环境、医疗信息等的综合智能化管理。

（三）移动医疗常态化

4G 移动通信的普及和 5G 移动通信的提前实现，同时资费的不断下调是国家战略。使"互联网＋"战略更好地得到实施，也就使移动医疗能够更加蓬勃发展，加快普及速度。

1. 用于医疗服务全程监控

移动医疗无处不在，网络将医疗行为的各个环节和链条有机地连接在一起，形成医疗全过程的闭环管理。任何过程和环节发生问题都可以及时发现和控制。

如医疗质量闭环管理、检验检查的闭环管理、医用耗材的闭环管理等。

2. 用于提高医务人员的工作效率

移动医疗的数据传输、数字识别、信息共享技术，取代了或大部分取代了以往的人工操作，大大提高了工作效率，例如移动查房，移动咨询和会诊（包括医生多点执业），移动随访，移动护理，移动体征采集仪器对患者条形码的识别，体温、脉搏、血压等的传感采集，心电遥测，医院内各种健康信息的自助采集，人体经络像、热成像等基于中医药传感技术的智能采集诊断与远程诊疗，重症性呼吸综合征等急性传染病患者基于传感技术的医疗监测、跟踪定位、防脱逃系统，以及人体芯片与传感技术应用等。

3. 用于优化就医流程

利用手机的移动预约、查询、导航、支付、取药等功能，方便患者就医，有效缓解门诊"三长一短"的问题，改善就医体验。

4. 用于三级诊疗

中心医院、市县级医院、基层医院三级诊疗体系的形成和逐步巩固，除了政策的推动，不断完善的移动远程医疗的推广、应用和普及起到关键性的技术支撑作用，通过移动远程医疗进行及时和实时的会诊成为趋势，也必将成为常态。互联网医院是移动医疗的一种高级模式，但是互联网医院触及了太多部门及人员的利益，目前的医疗体系又存在太多的问题和阻力，几乎所有的移动医疗商家都在积累医院和医生资源，但同时又要根据政策进行风险规避。

5. 用于个人健康管理

远程智能健康监测、健康管理领域的应用。使用可穿戴设备终端实时采集血压、血糖、心率、体温等健康数据，上传至云平台存储分析，再由专业人员提供动态的健康咨询、筛查、预防、监护和干预服务。

6. 提高慢性病管理效果

通过传感设备、手机App和服务平台，使慢性病患者得到了持续的病情监控，包括用药疗效、副作用等的监控，以及即时的评价、指导。

7. 公共卫生的智能化管理

用于卫生监督执法、卫生综合管理、卫生和健康调查、疾病防治评估、疫苗注射提醒、妇幼保健、健康保健和普法工作等。

通过信息的流动，代替了人员、物质和设备的流动，减少了患者和家属请假、交通和食宿等费用或往返医院的交通费用。资源共享，更便于检查检验结果的互认，减少不必要的重复检查也降低费用。

（四）系统集成常态化

伴随着临床和管理部门越来越多的需求，各类信息系统不断入驻医院，信息化已经不再是医院信息系统一家独大，需要研发更多的接口去实现异构系统的集成。集成平台、接口库等许多技术逐渐落地。一个复杂系统的成功上线往往由多家厂商协作完成。

（五）临床诊疗决策支持系统

决策支持系统是信息系统应用概念的深化，是在信息系统的基础上发展起来的系统，即能参与、支持人的决策过程的一类信息系统。它通过与决策者的一系列人机对话过程，为决策者提供各种可靠方案，检验决策者的要求和设想，从而达到支持决策的目的。决策支持系统一般由交互语言系统、问题系统以及数据库、模型库、方法库、知识库管理系统组成。在某些具体的决策支持系统中，也可以没有单独的知识库及其管理系统，但模型库和方法库通常则是必需的。由于应用领域和研究方法不同，导致决策支持系统的结构有多种形式。决策支持系统强调的是对管理决策的支持，而不是决策的自动化，它所支持的决策可以是任何管理层次上的，如战略级、战术级或执行级的决策。临床决策支持系统是指针对医学问题，利用计算机、知识库和各种算法模型，通过人机交互方式改善和提高诊疗决策效率的系统。它可以采用多种不同的方法来构建和实现临床决策支持系统功能模块。分析现行的临床决策支持系统建模过程，一般包括如下基本方法：贝叶斯网络、人工神经网络、遗传算法、产生式规则系统、逻辑条件、因果概率网络等。医学知识和疾病的复杂性导致了在设计该系统时需要考虑非常多的内部和外部因素，在过去的研究中更多地朝人工智能的方向发展。

第二节　物联网技术与医院管理创新

一、医疗物联网

（一）医疗物联网概述

自 2004 年以来医疗行业兴起了移动医疗的热潮，移动医疗的核心是管理观念的转变，从业务系统转向对象管理，这也是物联网最先的原动力。医疗物联网就是让所有的系统要基于患者，围绕患者的是医师、护士、药品、器械，把所有跟患者有关的系统，有序地按照一定的标准和管理规范进行管理，在控制下进行运作，保障医院的医疗安全和医疗质量。医疗物联网的特点在于连接的物体与医疗相关，包括医务人员和患者的标识、计算机终端、医疗器械、药品、医疗仪器、可穿戴医疗设备等。这些物体是医疗过程的一个终端、一个节点或一个对象，在医疗过程中能够产生、采集、处理数据，对这些物体的连接、监测和控制就能实现对医疗过程的管理。

医疗物联网的实质性内容必须突破空间。医疗物联网有可能是健康档案，有可能是人一生的全程健康记录，它比普通的物联网更有突破性的解决方案。例如，远程无线健康体检管理系统，可建立个人电子健康档案，对影响个人身心健康的危险因素进行管理和干预，并定期进行干预效果评价与管理，从而有效降低影响个人身心健康的危险因素；又如智能婴儿管理系统，利用无线通信技术，能够对婴儿进行实时定位，当婴儿处于未授权区域或佩戴的智能腕带被人破坏时，控制中心将会发出报警信息，有效防止婴儿被盗。

在医疗物联网中，传感器有很多种类。医学传感器采集人体的生理信息，例如血压计、体温计、血糖仪、监护仪、心电图机、DNA 芯片等；机械传感器采集人体、物体的位置和动作信息，例如加速度传感器、活动传感器、陀螺仪、定位器、计步器等。基于各种类型的传感器，医疗物联网的应用也日益丰富，如基于可穿戴医疗设备的各种健康保健、疾病管理和医疗康复、医院内的消毒物品和手术器械追溯管理、医疗设备物资管理、患者监护、远程医疗以及 120 急救等。

（二）医疗物联网的应用

系统采用先进的独立频段的射频识别无线传输方式，不通过院内局域网，也不占用院内网络资源，提高了稳定性，还不影响其他医疗设备。现场安装无须布

线，院内无须专设 24 小时开机的计算机，可以直接上传至第三方阿里云服务器，系统稳定，不死机、不断电。设备采用可拆卸式设计，方便后期校准和维护。

1. 患者身份匹配和监护管理系统

随着射频识别的高速发展和其显而易见的技术优越性，医疗医药行业也越来越多地开始使用射频识别。该系统利用射频识别技术可以实现对住院患者和医护人员的自动身份识别、人员定位、电子导医、生命体征信息自动采集监视、电子化病房巡查、出入安全控制等新型医务服务和管理功能，包括以下子系统：

（1）患者身份匹配系统。患者在入院时即通过入院注册系统登记身份信息，佩戴唯一的电子标签腕带。对于有源射频识别标签，患者通过佩戴的电子腕带标签发出的信息能够随时被覆盖的无线射频识别探测网络侦测到，由医护工作人员通过工作台计算机随时识别到不同位置的患者身份信息。

（2）患者安全管理系统。利用射频识别电子标签能够在线侦测和远距离读取识别的特性，可以在患者腕带被非正常移除和脱落时提示监控台报警。患者在未经过许可授权而离开护理区域时，区域出入口的射频识别探测器将验证许可身份并向工作控制台报警提示，防止患者在未经许可下离开监护区域。

（3）患者生命体征数据采集和监护系统。利用射频识别的数据转储和传输特性结合微型患者体温测量探头，以及移动式体征监护设备，在射频识别接收器网络覆盖下，可以进行在线患者体征数据采集和监护管理，使患者在无人陪伴的场景下，也可以受到监护关怀，随时为医护人员提供患者的体征活动状况，及时处理应急救护需求。

（4）射频识别病房管理系统。利用无线网络覆盖和配置移动射频识别护士工作站，护理人员可以脱离护士台的电脑工作站的羁绊，在日常的移动工作中，随时随地在线操作使用信息管理设备，进行患者身份核对、资料调阅、位置跟踪、医护工作记录等一系列现场任务操作，摆脱传统的纸质登记及核查操作方式，实现移动现场医护操作管理，提高工作质量和效率。

"射频识别腕带"其中包括患者姓名、性别、年龄、职业、挂号时间、就诊时间、诊断时间、检查时间、费用情况等信息。患者身份信息的获取无须手工输入，而且数据可以加密，确保了患者身份信息的唯一来源，避免手工输入可能产生的错误，同时加密维护了数据的安全性。患者可通过"射频识别腕带"在指定的读写器上随时查阅医疗费用的发生情况，并可自行打印费用结果，以及医保政策、规章制度、护理指导、医疗方案、药品信息等内容，从而提高患者获取医疗信息的容易度和满意度。

腕带还有定位功能，佩戴腕带的人再也不能偷偷溜出医院了。当有人强制拆除"射频识别腕带"或患者超出医院规定的范围时，系统会进行报警；佩戴带有监控生命体征（呼吸、心跳、血压、脉搏）并设定"危急值"的"射频识别腕带"，可 24 小时监控生命体征变化，当达到"危急值"时系统会立即自动报警，从而使医护人员在第一时间进行干预。而在医疗过程中，对患者进行的诸如检验、摄片、手术、给药等工作，均可以通过"射频识别腕带"确认患者的信息，并记录各项工作的起始时间，确保各级各类医护及检查人员执行医嘱到位，不发生错误，从而对整个诊疗过程实施全程质量控制。

2. 闭环管理

医疗物联网实现医疗过程的各个环节的闭合式管理，使每个环节的数据可视、质量可查。应用物联网射频识别技术的远程智能温湿度监测系统为医院检验科、实验室、药剂科的日常工作带来了改变，原本需要人工每天定时定点去测量温度和湿度，并登记到日志的工作，现在无须任何人工参与，并且通过监测终端定时采集的实时数据、历史数据、变化曲线等数据随时随地可查阅，更快捷、更精确、更高效。

3. 质量追溯管理

使用条形码对医用材料、药品进行质量追溯管理，可实现对医疗材料和药品的生产、流通、应用等各个环节的全程质量管理。引入电子标签，并与库存管理系统对接，可以管理药房与高值耗材。标签上可以实时显示库存量，有闪烁灯对取药进行指引，扫码取货后自动更改库存量，方便及时结算，提高工作效率。

4. 智能储血管理系统

将射频识别技术应用到血液管理中，可以实现非接触式识别，精确管理到每个血袋。可以减少血液污染，提高血液质量，提升发血效率；另外可以实现多目标识别，提高数据采集效率。

5. 门诊移动输液管理系统

护士通过掌上电脑（Personal Digital Assistant，PDA）扫描相应条码，确认

核对信息；护士的手环上也会提示需要帮助的患者信息，以便高效及时地为患者服务，提高满意度；系统可以保证输液安全，减少工作强度；管理者还可以通过系统生成的报表，来考核护士的工作量及质量。

6. 输液监护感应系统

输液监护感应系统可进行信息核对，实现输液中的安全控制、控制监控滴速、显示剩余药量、进行异常情况报警，能有效减少护理差错和纠纷的发生，提高患者的满意度，提升医院的社会效应。

7. 物联网技术在手术室的管理应用

（1）手术室物资管理系统

1）医疗设备和医用器材管理。手术室医疗设备和一次性医用器材种类繁多，很多精密设备价格昂贵、使用率较高。这些昂贵的医疗设备和医用器材在使用之后经常会发生未归位及功能受损状况，缺乏有效的追踪，会导致手术不能顺利进行，影响手术结果。

2）应用物联网技术对医疗设备和医用器材进行定位管理。在这些设备和器械上配有射频识别标签，每台设备上都附有射频芯片，记录设备基本信息及每次使用、维护、维修、巡检的相应记录，对设备所在的位置及使用状况进行实时监控，从而对医疗设备进行智能化的管理，提高医疗设备及医用器械的使用率，提高手术室的医疗服务质量。

（2）无菌器械包的管理

传统手术室的无菌库房及器械库房都设有专人管理，管理人员要全面了解库房物品的摆放，各类物品的数量及编号、有效期，这种单纯依赖于管理者的记忆及体力劳动的库房管理方法，缺乏足够的监控管理，时有手术器械消毒不严格、器械包超过消毒有效期、消毒标签污染和进入手术室造成交叉感染的事故发生，会造成医疗安全隐患，已不能适应现今的手术室管理。

国家卫健委明确规定，医疗用品消毒灭菌应建立清洗、消毒、灭菌操作的过程记录并实现可追溯性。采用物联网技术，对每个手术包配有一个条码标签，采集和存储手术包流程的属性信息，主要包括手术器械种类和编号、数量、包装人员编号、包装日期、消毒日期、发放日期、手术包位置等。系统可即时生成一份包含所有器械包的详细信息清单，并对器械包的存放、使用、流动状态实行监控。

物联网技术的应用可以最大限度地控制和消除器械包的安全隐患，便于相关感染事故出现后的追溯，从而极大提高了管理者的工作效率。

（3）高值医疗耗材管理

近年来手术中使用的"高值医疗耗材"越来越多。传统的手术室设有储藏库，高值耗材分类、分科放置且上锁。早交班过后，巡回护士根据手术名称和手术医师习惯自行拿取，无相关记录，会造成高值耗材的过期和流失。运用物联网技术对手术室的高值耗材进行管理，建立二级库，手术中需要的高值耗材均以备货形式存放在手术室二级库房。库房中建立物资系统字典库，系统字典库中，每一种高值耗材均对应唯一条形码。专科巡回护士根据择期手术和急诊手术的需要，配备当日手术所需物品，扫码领取并保管。每台手术使用的耗材种类及数量，均由巡回护士在手术间的电脑收费系统扫描条形码来完成计费。

（4）医疗废物追溯管理

随着外科医疗技术的发展，手术室医疗废物数量及种类不断增加。手术室是控制医院感染中最重要、最核心的环节，做好手术室医疗垃圾管理能有效降低医院内感染发生率。传统手术室废物管理存在的缺陷有：生活垃圾和医疗垃圾混放；锐器处置不当，造成锐器伤；医疗垃圾在科室内存储时间过长等。有效监管手术室内部医疗垃圾的收集储存，以及医疗垃圾处理交接过程的可追溯等一系列问题，都是手术室必须加强管理的重要环节。

二、智慧药房

物联网作为一个目前被广泛认知的引领未来经济创新转型发展的领先技术，无论在国外还是国内，都已经开始在信息化变革和人工智能管理开发领域不断实现新的突破。基于现代物联网技术的智能药房建设项目，是医药商业经营新模式和医院管理创新的探索与融合。基于现代物联网技术，通过相关智能化设备和信息化技术，对医院院内药品、医疗耗材等相关产品从生产环节到流通环节再到医疗机构进行监管，是以医院物联网智能化集成为核心，贯穿医药供应链全过程的动态跟踪智能化集成服务项目。主要由物流物联网运行平台、医院物联网运行平台和健康产品电子商务平台三个平台的建设构成。目前比较成熟的项目是由国药控股总公司推荐的项目。

（一）物流物联网服务平台

物流物联网服务平台的核心是利用现代物流和物联网技术，实现对药品从生产药厂到物流仓储，直至各类医疗机构和零售药店等药品使用终端的药品仓储及运输过程中的智能化识别、跟踪管理。建立了基于物联网技术应用的现代化的物流物联系统，包括中央控制系统和波次调度系统。通过系统控制和调度，实现对物流操作过程的全过程监控和控制；冷链管理已经实现了冷链仓储的安全可溯源管理，未来将继续开发冷链运输过程中的安全可溯管理；通过光感智能读取、车辆定位系统等技术，实现对在途运输过程中的温湿度跟踪和监管。

（二）医院物联网服务平台

医院物联网服务平台的核心是利用现代物联网技术，实现对医院药品及医疗物资的智能化识别、跟踪和管理，包括对射频识别技术产品及电子标签、智能药架、智能药柜等医院院内药品流转各环节需要的智能设备的开发应用，通过物联网智能化平台与国药控股天津有限公司的企业资源计划系统，以及医院自有的医院信息系统、医院资源计划系统无缝连接，完成医院药品和医疗物资管理信息系统的全面集成，全面提升医院信息化管理水平，实现医院提升管理效率，降低管理成本的目标，支持医院进行信息化辅助决策。

（1）在途管理利用物流物联网平台技术，利用 GPS 定位系统全程监控药品在运输过程中的位置、路线及停留时间。通过光感智能读取，管理药品运输交付过程中的温湿度情况，实现对在途运输过程的跟踪、监管，确保质量安全和管理安全。

（2）智能药库延伸服务通过医院物联网平台技术，使药品在流转环节实现全程可追溯。同时每个流转环节在软件系统控制基础上，使用一系列智能设备提高药品流转环节的安全性，医药流通配送商也会将服务延伸至院内药品临床使用消耗之前，提升药品管理水平，有效降低药品库存和管理成本。

（3）智能门诊药房延伸服务通过医院物联网平台技术，采用安全库存量设置、由系统自动生成药房最佳请用量；在发药环节，患者一旦交费，信息关联到智能药筐→药师处方审查确认→自动导航车按处方拣选药品→分包装采用自动摆药机分装包药→完成药篮需求药品自动调剂→通过扫描处方显示购药患者信息→通知取药，实现"药等人"服务模式。

（三）实现智能药房和医院零库存的现实意义

在我国推进新医改进入以公立医院改革为核心的攻坚时期，基于现代物联网技术的医药供应链智能化集成服务项目，对于实现新医改关于公立医院聚焦"四个分开"模式改革的目标具有较强的时代意义，将对新医改方案关于医院药品、耗材供应管理模式创新探索具有突破性的意义，物联网集约化服务平台运行下的医院物资采购成本将更低，物资管理将更加有效。基于现代物联网技术的医药供应链智能化集成服务项目，通过推动公立医院的信息化建设，促进医院传统管理模式创新突破。

三、移动查房与移动护理

（一）移动互联网

移动互联网是"互联网＋"的基础设施，为"互联网＋"应用提供了移动的互联互通平台。国内移动互联网主要由移动通信技术（移动 G 网）和无线网络技术（无线宽带）构成，辅以蓝牙、近距离无线通信技术（Near Field Communication，NFC）、射频识别、紫蜂协议等。2013 年 12 月 4 日，中国移动获得 4G 牌照。中国移动通信集团公司已建成世界优质 4G 网络。目前国内 4G 移动通信正逐步取代 3G 网络，4G 网络的最高速度可达到 100Mbps，实际体验速度往往只能达到数十 Mbps。WiFi 802.11n 的最高速度为 300Mbps，在实际应用中受到使用环境、上网人数的影响很大，体验速度也并不理想。在构成整体的移动互联网中，移动 G 网、无线宽带和近距离通信有着不同的应用场合和环境。理论上移动 G 网可以实现无线接入的全覆盖。无线宽带以其速度快、费用低的特点广泛用于建筑物内，如办公楼、候机厅、酒店和家庭等场所。近距离通信技术实现终端之间的数据传输，如可穿戴设备与智能手机之间的数据传输。即使在 5G 时代，移动 G 网也要与无线宽带融合使用，以达到最佳的用户体验。

（二）移动终端

以前采用专用的掌上电脑，现在则用普通手机定制功能便可，可加装更为精制扫描头，成本从 1 万多元降到 3000 多元。有多款可以选择。

（三）医院院内移动医疗系统应用的瓶颈

目前国内二级以上医院数量在 3000 家以上，基本上都有实施院内移动医疗

系统的需求，但是真正能够实现上线使用的医院不足 5%。国内医院院内移动医疗系统普及速度之慢，普及率之低，已经严重制约我国医疗信息化的发展进程。造成目前这种状况的原因主要有以下几个方面。

1. IT 技术瓶颈

目前国内医院实施院内移动医护系统，网络普遍采用传统的 WiFi 模式。WiFi 本身具有无限使用流量的优点，但是缺点同样突出。

（1）网络带宽受限

1）由于 WiFi 网络带宽受限于院内局域网带宽。在每天早上院内集中处理业务时段，各种电脑、医用设备同时工作，都在局域网内传输数据。局域网吞吐能力已经不堪重负，同时无线终端受制于处理能力和功耗，很难分配到足够带宽来传输数据。因此即便移动终端 WiFi 信号较好，实际的 WiFi 传输速度却非常缓慢。

2）WiFi 信号拥堵。用户通过 WiFi 接入网络时，使用一个固定频率的无线波段，因此用户所在地区周边有多少类似信号发射，接收设备就会对 WiFi 的使用体验构成多大影响。

3）传统 WiFi 网络传输速度也对移动医疗有很大限制，经常出现移动医疗系统等待延迟，反倒降低了医护人员的工作效率，给医护人员带来了极大不便。

（2）无线信号死角多

1）传统 WiFi 信号穿墙能力弱，病区走廊信号普遍较好，进入病房信号就会大打折扣了，甚至会出现上线网络断开现象；同时由于 WiFi 频段同部分医用仪器设备冲突，因此手术室、危重症监护室、放射科等科室必须禁止 WiFi 信号存在。

2）覆盖范围小、稳定性差、流量分配不均等会造成部分用户无法连接、网速太慢以及移动中信号中断等现象。

（3）终端设备瓶颈

1）传统掌上电脑系统陈旧，而且操作复杂、设计简陋、扩展性较差，不具备通用性，系统针对指定的终端进行开发。

2）传统掌上电脑价格昂贵，一部终端市场价在 8000 元人民币以上，而且由于专业厂商定制，无法开放维修，设备后期维护价格更是不菲。

3）掌上电脑厂家为了节省成本，很大一部分对网络的支持没做到完善，如不支持 5G WiFi、不具备 4G 网络模块等，对后期网络升级有很大局限。

2. 成本投入瓶颈

（1）建设一套适合移动医疗的院内 WiFi 网络，投入建设费用在 500 万～1000 万元，这是大多数医院难以承受的一笔巨额投入。并且部署无线网络是一个专业性较高的工程，医院难以自己实施。因此虽然很多医院有迫切的应用需求，但对高昂的价格望而却步。

（2）传统的 WiFi 网络设备损坏和网络升级需要维修和更换设备，都需要耗费大量的人力、物力和财力。

（3）部署 WiFi 网络需要做大量的场地调研、用户量调研、拉网线、安装设备、网络调研等复杂的流程，工程实施周期长。从调研到招标采购，到建设完毕投入使用，往往需要一年甚至更长的时间，大大打击了医院方面的建设积极性。

3. 系统维护瓶颈

（1）软件维护。传统的医疗信息化厂商由于产品线过长，研发重点不在移动医疗产品上，关注度不够，基本不提供后期功能升级服务；院内医护有地区性、医院性甚至病区性差异。如果没有稳定有效的实施团队，很难打造一套适合本地区、本医院、本病区的移动医护产品。

（2）网络维护。目前信息技术发展迅猛，每隔 3～5 年就会迎来一个颠覆性的变革。传统的 WiFi 网络设备，一次投入便已定型。除了设备更新和网络升级需要耗费大量的人力、物力和财力外，新网络技术的应用也需要医院自行投入高额费用升级。

4. 医护业务瓶颈

（1）由于医院的业务复杂多样，加上特殊病区的特殊要求，很多移动医疗厂商没有办法做到业务的完全覆盖，如重症监护、新生儿监护、产房监护等。

（2）特殊病（重症监护、新生儿监护、产房监护）区由于医疗设备影响 WiFi 网络环境，没有办法做到移动医疗的覆盖。

（3）传统的医疗信息化厂商往往在全国使用统一系统，基本不针对地域特征和医院需求进行定制，造成移动医疗系统不符合本地需求，很难全院上线。

（四）"4G 移动查房"和"4G 移动护理"

移动临床信息系统使医师利用平板电脑或智能手机可随时随地获取病历、医嘱、检查化验结果、影像诊疗规范、操作指南、临床路径、参考文献、知识库等

有关信息，也可以随时随地传送患者生命体征、检查化验结果、病情描述和各种申请信息，进行床边查房、开医嘱，进行实时会诊。护士可实时查看患者的基本信息，如护理等级、病情状况、检查请假状态等相关信息。患者采用二维条码腕带作为身份识别载体。药物外贴条码作为识别和核对载体。借助手持终端即可实现患者、药物之间的查对工作，从而大幅度提高医疗安全。在患者床旁即可执行医嘱，包括药品医嘱、护理医嘱、治疗医嘱、检验标本采集、膳食医嘱、健康教育、术前访视、术后随访等。更好地落实"三查七对"。执行医嘱时，记录医嘱的执行时间、执行护士等信息，为日后的医嘱执行记录查询提供有效数据。对检查类医嘱，可预约时间、自动显示请假状态。通过设置可支持病区打印条码与匹配原管条码两种模式，对后者支持试管颜色提示。对长期医嘱、预约医嘱等，可按预约时间在平板电脑及护士终端上进行警告提示，并可直接列出需操作患者名单。对住院患者实施的基础护理（如洗脸、刷牙、梳头、床上擦浴等）进行记录并统计工作量。全科体征智能提示，根据患者的护理等级、危重状态、发烧及手术等具体情况，结合医院的规定，由系统自动动态计算出患者需要测量体征的时间点。

（五）"4G 移动查房"和"4G 移动护理"优势

在传统的 WiFi 模式下，院内移动医疗系统由于受 WiFi 网络传输速度及 WiFi 信号覆盖范围的限制，无法达成许多业务需求，而 4G 技术则能轻松解决这些问题。

1. 不再受限于传统局域无线网

医疗工作人员在通过院内移动医疗系统查看科室级甚至全院级的某些业务或阅览高清高质图形图像时，会在较短时间内产生大量的交互数据，采用 WiFi 进行传输可能会造成数据拥堵、数据丢失，甚至网络短时间瘫痪等各种问题，极大影响医疗工作人员的工作效率。而采用 4G 技术后，由于 4G 通信网络带宽独享 100M，而中国移动的第四代移动通信技术，已经可最高达到 150M 的带宽，具有速度快、质量高的优势，网络带宽受限的瓶颈迎刃而解。

2. 范围灵活，信号无死角

传统 WiFi 模式的院内网是先进行规划后进行铺设，其后期的通信范围和网络扩展性受硬件限制十分明显。而采用 4G 技术铺设的院内移动医疗系统则不会出现此问题。首先 4G 系统的通信范围最大可等同移动通信商的网络覆盖范围，最小可限制于医院的某个通信节点。目前国内医院普遍处于中心城市的核心位置，4G 信号天然覆盖完整。仅需要在部分市内封闭环境，例如放射科手术室等位置进行信号加固即可完全满足使用需求。

3. 终端设备性价比大大提高

目前市场上手机均为国际或国内大厂生产的优质产品，具备设计新颖、性能强劲、用户接受度高、学习曲线低等特点。同时生产厂商均提供一定期限内的免费维修，为医院解决终端采购使用难题。

4. 数据安全

传统 WiFi 的网络由于并非专业通信机构维护，准入机制整体比较简单，只需获取网络的账号密码即可进入院内网，这对院方的数据安全形成不容忽视的威胁，更危险的是进入网络的非法入侵者会对数据进行篡改、删除等。采用 4G 技术后，网络由电信运营商负责运行维护，利用国内专业运营商的技术、资源优势，低价高效高质量地完成网络运维工作。

四、医疗物联网的未来

物联网作为当前最具潜力的新兴技术，产业门类众多、产业链条长、发展空间巨大。医疗卫生领域是典型的物联网行业应用领域，也有广阔的发展空间。医疗服务需要借助物联网等先进技术实现向人性化和主动化等服务模式的转变，以更好地提升患者的服务满意度，提升医疗机构的管理水平、服务能力和服务质量。物联网技术越来越多地运用于医院的各个领域和环节，将成为一种必然，医院将由"数字化医院"时代向融智慧健康、智能医疗、感知医院为一体的"数字化物联网智慧医院"时代发展。

（一）物联网与物联网医院

物联网具有互联网特征、识别与通信特征以及智能化特征，即具有自动化、自我反馈与智能控制的特点。物联网技术在医院的应用已经超过 10 年，但应用水平低、应用视角窄。"互联网医院"的提出是基于物联网技术在医院的广泛使用的前景，将信息传感设备，如无线射频识别装置、生命体征监测设备、红外感应器、温湿度传感器等种种装置安装到医院的各种物体、设备、设施和环境，包括人体，与医院局域网、WLAN、广域网等结合起来，结合各种物联网技术，融

入医院大规模开放式一体化的医院信息系统，应用于医院患者管理、员工管理、设备管理、环境监测与管理等领域，转变医院运行和服务模式，提高整体运行水平和效率。物联网技术在医院的应用是一个循序渐进的过程，由简单独立的单系统应用，到系统的集成融合，实现物联网技术的任意定制和接入的应用，最终融入区域物联网共性平台，实现无缝隙的医疗机构间以及社会的物联网。

医院是物联网技术应用的主要领域。医院物联网的应用，从广义而言，包含了现有医院信息化的所有领域，涉及广域网、局域网、无线网、传感网、3G、4G 等网络应用领域。狭义的医院物联网指传感网。从发展趋势来看，传统的医院信息化与物联网两者是密不可分的，物联网技术将越来越多地融入医院信息系统，用于数据采集、安全管理、过程控制、全过程跟踪追溯等。

（二）物联网技术在医院应用的价值

物联网在医院的应用可以让患者、员工和医院管理者共享物联感知成果，提升医院数字化整体发展和管理水平。其主要价值体现在以下几个方面。

1. 创新服务模式，为居民享有高品质医疗卫生服务提供保障

借助基于物联网的健康管理云平台，医院的医疗卫生和健康服务更贴近城乡居民。居民可以方便地通过网络查询自己的健康档案，了解个人健康状况、历次就诊和医学检查记录、预防保健服务安排以及各项医疗卫生服务程序，做到"心中有数"。同时，通过部署基于物联网的生命健康信息采集终端，可以使居民在家庭中得到持续、快捷、优质的医疗服务，使公众能够更好地感受到物联网技术带来的"健康无时无处不在"的关爱。

2. 拓宽服务边界、增强系统融合、提升服务能力

基于物联网的医疗健康管理云平台等的应用，远程的健康监测与管理能够扩大卫生机构医疗服务的半径，实现向新型无边界医院的转型。开展数字医疗创新服务模式，实施远程健康监护、远程咨询会诊、慢性病跟踪监控等服务，使有限的医疗资源发挥更佳的运行效能。

3. 提高效率、提升效能

采用移动医疗技术，可以使医护人员随时查询患者的相关信息，可以对医疗流程的关键环节进行有效控制，加快医疗流程的运转速度、提高医疗护理质量，确保医疗安全、提高工作效率、提高患者满意度。基于 3G 的一系列应用，使"千

里眼、顺风耳"成为现实。重症监护室、抢救室等患者的实时自动监护，可实时自动记录重症患者重要参数，可实现对各参数的监督报警，缩短了诊断和治疗时间，提供更安全的医疗。

4. 医院管理"四化"

医院管理"四化"是医院管理迈向精细化，医疗服务迈向人性化，医院环境控制迈向自动化，医院整体运行迈向智能化。如消毒供应中心运用物联网技术进行信息化管理，不仅使工作更加高效、准确、便捷，还可做到无纸化作业，对有效控制再生手术器械感染的发生可起到重要作用，同时可以方便地进行过程追溯，甚至可以自动感知记录消毒物品的消毒时间和温度；具备跟踪定位、呼叫、对讲、体温监测等功能的新型腕带的应用，可提高患者安全管理水平。

物联网在医院的应用价值明显，可提高工作效率，提高医院精细化管理和安全管理水平、提高服务品质、控制医疗缺陷、拓展服务时空。物联网技术发展迅猛，要使物联网技术更好地为医院患者和医院管理服务，需要我们适应时代发展，重新审视、部署、规划医院的信息化建设，不断探索创新，打造智慧型"物联网医院"，为进一步改善医疗服务和大众健康做出贡献。

第三节 "互联网+"时代新业态

一、"互联网＋医疗健康"关键技术及应用

（一）移动互联网技术及其应用

如前所述，移动医疗无处不在的网络将医疗行为的各个环节和链条有机地连接在一起，形成医疗全过程的闭环管理。任何过程和环节发生问题都可以及时发现和控制，如医疗质量闭环管理、检验检查的闭环管理、医用耗材的闭环管理等。

移动医疗的数据传输、数字识别、信息共享技术，取代了或部分取代了以往人工的操作，大大提高了工作的效率，例如移动查房、移动咨询、会诊、移动随访、移动护理，以及移动体征采集仪器对患者条形码的识别，体温、脉搏、血压等的传感采集。

利用手机的移动预约、查询、导航、支付、取药等功能，方便患者就医，有

效缓解门诊"三长一短"的问题，改善就医体验。

使用可穿戴设备终端实时采集血压、血糖、心率、体温等健康数据，上传至云平台存储分析，再由专业人员提供动态的健康咨询、筛查、预防、监护和干预服务。

通过传感设备、手机 App 和服务平台，使慢性病患者得到了持续的病情监控，包括用药疗效、副作用等的监控，以及即时的评价、指导。

公共卫生的智能化管理用于卫生监督执法、卫生综合管理、卫生和健康调查、疾病防治评估、疫苗注射提醒、妇幼保健、健康保健和普法工作等。

通过信息的流动，代替了人员、物质和设备的流动，减少了患者和家属请假、交通和食宿等费用或往返医院的交通费用。资源共享，更便于检查检验结果的互认，减少不必要的重复检查也降低费用。

（二）医疗云技术及其应用

医疗云是指在云计算、物联网、3G/4G 通信以及多媒体等新技术的基础上，结合医疗技术，旨在提高医疗水平和效率、降低医疗开支、实现医疗资源共享、扩大医疗范围，以满足广大人民群众日益提升的健康需求的一项全新的医疗服务。云服务的"聚合"，包括 CPU、存储、网络在内的所有硬件、软件，以及数据、计算能力、信息技术构架与服务，这些整体的提供，构成了云端服务的信息技术体系。单从数据方面看，医疗云端服务可以理解为随时存取的医疗数据信息银行，计算和存储是其重要的组成部分。

1. 医疗与概述

医疗云是互联网上的在线医疗卫生服务的平台，所有与在线医疗卫生服务相关的个人、设备、机构和资源都应该能够接入医疗云，一方面为医疗云提供资源和服务，另一方面从医疗云获取资源和服务。医生通过医疗云向患者提供健康咨询、保健指导、疾病管理、在线问诊、在线下达医嘱和电子处方等服务；获得医疗 App 使用、电子病历和健康档案查询、可穿戴设备数据查询、第三方服务商等的资源服务；接受卫生管理部门、医院、诊所和医保机构的监管。患者在医疗云获得医疗 App 使用、健康咨询、保健指导、在线问诊、疾病管理、诊疗预约、移动支付、药品配送等服务；向卫生管理部门、医院、诊所、医生提供个人健康档案、日常保健记录、可穿戴设备数据等。医疗 App 医疗云向医生和患者的智能手机推送消息，在 App 上进行各类在线医疗服务操作；App 向医疗云发送医生和患者的操作数据，由医疗云做进一步处理，并返回 App。电子病历向医生和患者提供电子病历的查询服务。健康档案向医生和患者提供居民健康档案和个人健康档案的查询服务；获得患者最新的诊疗记录、可穿戴设备数据，并归档更新原有的健康档案。第三方服务商包括互联网企业、网络电商等，可为医疗云提供相关服务，包括云平台建设与维护、平台集成、电商服务等。卫生管理部门负责医疗云在线医疗服务的监督和管理，包括制订有关标准、规范，对医疗云的相关业务和服务进行监管，在线医疗服务质量和信息安全管理等。保险、银行为医疗云的在线医疗服务提供移动支付、医疗保险等服务。保险公司可以通过医疗云监管在线医疗服务质量，保证保险费用的合理支付。药房为患者提供用药咨询、药品配送等服务；医院、诊所可以通过医疗云拓展院前、院后服务，例如预约挂号、分级转诊、移动支付、结果查询、院后随访、服务评价等，还可开展药品设备采购等业务。较有代表性的云平台有杭州联众的医疗云平台。

2. 医疗云服务

（1）医疗云资源

医疗云汇集了包括医疗资源在内的各种医疗卫生相关资源，并实现所有在线资源的实时共享和交互。医生、患者、医院、药房、移动终端、医疗 App、可穿戴设备、电子病历和健康档案、第三方服务商、卫生管理部门、保险公司、银行等都是医疗云的资源，它们既为医疗云提供资源，也接受医疗云提供的服务。

1）连接医生与患者：在传统的医疗模式中，患者结束门诊或出院后，医生与患者保持联系的并不多，往往是随着诊疗结束，医生与患者的联系也就终止了。在互联网的在线医疗新模式下，医生与患者通过医疗云、手机 App 或社交软件可以实现随时随地连接，大大增强了医患的黏合度，成为云中的"私人医生"和家庭医生。一是技术的进步，二是"互联网+医疗健康"生态环境，同时也让医生留住了更多的患者。

2）连接医疗机构：虽然各级医院都建立了信息系统，但医院之间的互联互通程度并不高，患者在一家医院的住院记录，在另一家医院却看不到。在一家医院做了 CT 检查，到另一家医院还要再做一次。医疗云为区域内各级医院等医疗机构提供了开放式的接入平台，一方面实现诊疗数据共享、检查检验结果互认，

另一方面实现流程互通、业务协同。数据共享实现了患者在一家医院的诊疗记录（电子病历、医学影像、检验结果、病理结果、手术记录等）可以为该患者在区域内其他医院（包括网上医院）就诊时提供参考。

3）连接医疗过程：一个完整的医疗过程往往由若干环节组成。例如，门诊就医过程从预约挂号到取药回家，一般需要经历预约挂号、候诊、初诊、交费、检查检验、复诊、交费、取药等多个环节。在传统的医疗流程或模式里，患者往往需要在医院门诊的挂号、收费、诊室和药房之间来回穿梭，甚至奔走于不同的楼层或不同的楼宇之间，还得排队等候。但在医疗云模式下，上述环节的信息无缝连接替代了患者的穿梭奔走，实现了"让信息多跑路，患者少跑腿"的目的，使患者获得良好的就医体验。随着医疗云资源的丰富，连接过程将更加顺畅和完整。同时，通过连接实现医疗过程的闭环管理，控制过程和环节质量，达到保证诊疗质量的目的。当平台的智能监控系统发现患者数据出现异常时，立即通知值班医生进行紧急处理。通过连接实现质量闭环管理，在未来的在线医疗新模式中将发挥重要的作用，这是传统医疗模式所无法实现的。

（2）医疗云信息

提供信息是医疗云最基本，也是最重要的功能。医疗云端资源包括各种医疗健康信息、医疗远程诊断及会诊信息、远程监护信息、健康宣传和教育信息。医疗健康信息主要包括健康档案、电子病历、预约挂号、电子处方、电子医嘱以及医学影像文档、临床检验信息文档等。整合建立一个完整的数字化健康信息，并将健康档案通过云端存储，便于作为今后医疗的诊断依据，同时可以作为其他远程医疗、医疗教育信息的来源等。云医疗健康信息是之后的云医疗远程诊断及会诊、远程监护以及云医疗教育的基础。

（3）医疗云诊疗

充分利用最新移动通信技术来提供一个易于灵活通信，医疗数据交换、传输、存储和检索的手段，使得远距离的患者和医生之间的沟通成为可能，从而实现远程诊断。在边远地区以及社区门诊，通过云医疗远程诊断及会诊平台，在医学专家和患者之间建立起全新的联系，使患者在原地、原医院即可接受远地专家的会诊并在其指导下进行治疗和护理，可以节约医生和患者大量的时间和费用。运用云计算、3G/4G 通信、物联网以及医疗技术与设备，通过数据、文字、语音和图像资料的远距离传送，实现专家与患者、专家与医务人员之间异地"面对面"的会诊。当下移动医疗 App 已达数千款，治病流程中的挂号、问诊、买药、支付等各个环节都有众多企业在布局，其中一些较为优质的应用平台注册用户与医生数量更是在飞速增长。

（4）云支付

云支付是将支付应用的交易凭证等关键信息放在云端，用户支付前通过手机银行、数字钱包等手机客户端从云端下载交易凭证，然后利用近场通信技术在非接 POS 机上完成闪付交易。用于医疗的云端支付功能，通过移动技术连接医院、患者、银行三者间的金融生态链，让医院与患者融入互联网金融体系。云端支付服务内容包括预存医疗费用、缴纳预约挂号费、缴纳药品检查检验治疗费用、费用明细查看及退费等功能，同时与医院原有信息系统进行对接，并接入第三方支付平台，从而实现预约、获取诊疗服务、支付费用、缴费提醒和收费后反馈等支付信息的闭环体验。

（5）云药房

线上询诊与线下连锁药店结合将形成 O2O 闭环服务模式。患者在询诊后医生通常会推荐相应药品，在线医生在推荐药品后会在页面中显示药品说明及售价，用户点击下方购买按钮即可立刻购买指定药品，还提供送药到家的便捷服务。根据我国《互联网医疗卫生信息服务管理办法》和《互联网药品交易服务审批暂行规定》等规定，一些大型连锁药店可通过获得互联网药品交易服务机构资格证书进行网上药品售卖，但仅可售卖非处方药。

（6）医疗云服务的优势

1）数据安全利用：云医疗健康信息平台中心的网络安全措施，降低了数据丢失的风险；利用存储安全措施，使得医疗信息数据定期进行本地及异地备份，提高了数据的冗余度，使得数据的安全性大幅提升。

2）信息共享：将多个区域和部门的信息整合到一个环境中，有利于各个部门的信息共享，提升服务质量。帮助流水线各个环节的数据互通，并更有效地运转。未来健康医疗服务的就医场景，将完全依赖于互联网、移动医疗及强大的数据支撑，真正解决看病贵和看病难的问题。

3）动态扩展：利用云医疗中心的云环境，可使云医疗系统的访问性能、存

储性能、灾备性能等进行无缝扩展升级。

4）覆盖全国：借助云医疗的远程可操控性，可形成覆盖全国的云医疗健康信息平台，使得医疗信息在整个云内共享，惠及更广大的群众。

5）节省建设费用：几乎不需要在医疗机构内部部署技术，前期费用较低。

二、"互联网＋医疗健康"业态的创新

（一）互联网医药流通模式

1. 传统医药流通模式存在问题

（1）医药供应链及存在的问题。医药供应链是在为患者提供医药产品或医疗服务的共同目标下，由对整体药品质量和医疗服务水平有关键影响的若干药品原材料供应商、制药厂商、医药物流公司、医药销售代表、医药商业公司、医院和药店、患者等组成，以提高药品质量、医疗服务水平以及医药供应链整体效益为目标，对采购、生产、交付、分销、返回等过程中物流、信息流和资金流的计划、组织、协调和控制。药品出厂后需要经过批发商、零售商、医院和药店等多层级才能最终到达消费者手中，这决定了医药供应链结构具有复杂性，医药企业的竞争更多地表现为销售渠道间以及整个医药供应链的竞争，其间涉及药品的生产商、批发商、连锁药店、医疗机构、消费者等主体。全国也就七八千种药，但批出来的药号大概 18 万，一个品种的药有几十个号，而且批出的价格不一样，同样的药品相差十几倍，这就导致了同药多名、同药多价。长期以来，药品在流通过程中由于信息的不透明、监管的缺乏以及企业文化建设的落后，造成了医药供应链企业间的非合作和不信任环境，医药供应链企业之间存在不同程度的信任危机。

（2）医药、医疗领域面对"互联网＋"浪潮泰然处之。尽管医药行业也存在触网的企业，但整体而言，自身的互联网化程度不高，面对"互联网＋"的挑战所做出的反应要比其他传统行业来得慢。主要原因在于，药品是特殊商品，医疗是高门槛专业领域，以此相关的管理体制密密实实筑起了政策的高墙。药品从研发注册，到生产流通，再到临床使用，每一个环节都受到政策的严密监管；医疗门槛更是比一般的行业要高很多，执业医生至少受过 5 年的医学院训练。目前已开始了住院医生的规范化培训，接踵而来的还有进行专科医生培训，即所谓的"3+X"。现状是病患在很多情况下，需要到医疗机构就医治疗，离开医院，检

查、输液、手术几乎不可能完成。最大的问题来自医药、医疗行业的基本要素：药品、医院、医生、患者不能够自由流动。流通于市场的药品，80% 由医院的医生开出处方，仅有不到 20% 的药品在市场化程度较高的社会零售药店出售；社会上 90% 的医疗资源存在于公立医疗机构，公立医疗机构几乎处于垄断地位；医生属于事业单位编制依附于公立医院；患者，看上去可以自由流动，但由于医保统筹报销的政策，几乎将患者禁锢在一城一地。由于药品及医疗费用最大的支付方来源于医保，而医保现阶段无法在网外实现在线支付也阻碍了患者的支付。

2. 互联网医药物流新模式

"技术＋市场＋政策"三股合力正悄然改变行业生态。医疗体制决定了公立医院的垄断地位，随着医改政策的不断出台，医药行业不得不发生变化。采取多种形式推进"医药分开"，破除以药养医，实施"药品零差价"销售、限制药占比、临床路径管理等措施使药品成为医院的成本而非利润来源，促使药品流向社会零售药房，逐步实现市场化，最终能够自由流动。处方药网售的政策阀门也即将打开，乌镇网上医院的开张就是先行先试。也许今年内将公布处方药网售相关政策，采用正面清单的方式让一部分慢性病品种、双跨品种陆续上网销售。关于处方流动的问题，相关政策也鼓励患者自主选择在医院门诊药房或凭处方到零售药店购药，并在此基础上构建电子处方的社会共享机制。

（1）移动医疗企业如果只做部分线上业务赚钱不容易，很难维持和发展。

1）现行的供求矛盾，毫无疑问使得医生，特别是优秀的医生成为稀缺资源，他们是所属医院的骨干力量，是社会医疗市场的抢手货，在行业中处在较强势的地位。由于现行的医疗服务价格很低，而医院的主体和核心力量又是医生，医院对医生的严重依赖以及资源的倾斜，使得大多数医疗机构很难从医生所提供的服务上赚到钱。移动医疗企业也是一样的。除了医药电商盈利模式清晰外，目前移动医疗行业里面常见的业务，如挂号、在线咨询、远程医疗、在线会诊，看似业务完整闭环，但盈利模式并不清晰。从中长期来看，只有政府放开医生的服务价格，由市场进行调节，移动医疗企业才实现盈利，但意图通过大量患者来提升医生的溢价能力从而形成盈利的运作，可能竹篮打水一场空。移动医疗企业即使花了大量精力把钱从患者手中拿到，也不得不为了讨好医生能在其平台上更卖力地服务，把大部分钱补贴到医生手中。理想情况下，一只运营能力很强的团队能通

过线上医疗服务收入平衡大部分企业运营费用已经是相当成功的了。

2）在纯在线模式的移动医疗的服务闭环中，移动支付由于具备便捷性、容易构建场景化消费、使用频率高、适用范围广等特点，与传统线下支付相比也有不少独特优势，通常被认为是链接线上和线下业务的关键入口。目前，医保和新农合支付占大头，医保作为医疗费用支付最重要的手段，还不能在医院、药店实行移动终端的支付，就是横在移动医疗面前的一座大山。就比较便利的自助服务而言，不能进行医保支付就根本没有实现医院的"全流程改造"，更没有真正实现高调宣扬的"一卡通"。只有医疗在线支付打通个人支付和医保支付，才能整体盘活移动医疗业务。

（2）互联网支付已经从一个简单的工具走向各行业的应用，工商社会经济为先，互联网金融向各行业的许多环节渗透是必然的。医院是主要的渗透对象，这是资本的属性和科技的进步所决定的。对于推动经济社会进步的一大动力——金融，试看互联网金融在推动行业和社会进步方面有哪些深水炸弹。

1）给传统的金融垄断带来恐惧，推动其进行变革。

2）打破了传统金融机构的垄断，有利于破解小微企业融资难于上青天的困局。信息技术的发展以及互联网的广泛普及，使得更多的企业有能力进入金融领域。很多电子商务企业及互联网公司不断推出创新金融产品，改变了银行独占资金市场的格局，改变了银行传统信贷单一供给格局，打破了传统金融机构间的竞争壁垒。

3）金融领域创新加速，不断涌现新的金融产品、服务模式及商业模式，也要求金融监管部门创新金融监管手段与模式，防范新的金融风险。传统金融机构及监管部门的改革，有利于加强影子银行监管。

4）不断丰富金融的新业态、新服务与新模式。互联网金融加速创新，从最初的网上银行、第三方支付，到最近的手机银行、移动支付等都体现了金融与互联网的协同与融合创新。更有"地震效果"的是，民间借贷也开始合法化，线上各类融资平台不断涌现，"智慧金融"也由概念开始走向市场。目前很多基金公司、保险公司也开始尝试通过电商网销、社交网络，甚至是微信平台等推广自己的品牌或是销售产品。

5）基于社交网络的金融产品与服务不断涌现，互联网金融加快了金融产品模块化和标准化进程，同时也拓宽了金融市场参与的主体范围，市场参与者更为大众化。企业家、普通百姓都可以通过互联网进行各种金融交易，风险定价、期限匹配等复杂交易都会大大简化、易于操作。有利于吸引广大民众参与金融，使得金融产品能更好地满足市场需求。改造医疗市场是必须和必然的事情。

（二）百家上市公司杀进医疗健康领域对"互联网＋医疗健康"生态圈产生影响

2016 年 1 月 31 日，来自 21 世纪经济报道的消息，据粗略统计：至少已有 10 多家上市房企切入医疗健康产业，并有相当数量的上市房企提出发展大健康产业。继影视文化、移动互联网、网络游戏、电子商务等之后，健康产业也成为 A 股上市公司愈演愈烈的跨界投资、并购标的。"健康产业的大部分领域属于重投资、慢回收项目，上市房企与金融机构的长期合作关系，实力和资金支持相对雄厚，并且发展健康产业具有推动和促进房产项目的优势。"2015 年 9 月 2 日绿景控股披露，拟以 10.89 元 / 股非公开发行 9.23 亿股股票，募资 100.54 亿元用于北京儿童医院集团儿童肿瘤医院建设项目、北京儿童医院集团儿童遗传病医院建设项目等，退出房地产领域而向医疗产业转型。世荣兆业公告，其健康产业项目包括三甲综合医院、高端专科医院、康复养生、生命科学研发等，但未来 5 年还将加快现有土地储备开发，以此寻求产业链价值延伸和协同运作。已更名为华业资本的华业地产，则通过支付 21.5 亿现金购买重庆捷尔医疗设备有限公司 100% 股权，推行多元化经营战略。南京高科通过出资 5 亿设立健康产业介入"大健康"领域。跨界公司原先都属于"门外汉"，而医药、医疗行业属于行业准入门槛较高，存在不能完美整合核心技术人员、渠道稳定性等风险问题，也没有一个成熟的模式可以借鉴。

2015 年以来，介入大健康领域的上市公司多达百家以上，其中既有通过跨界重大资产重组彻底转型，也有借助跨界形式实现主业延伸和双主业经营模式。上市公司热衷跨界投资、并购，涉足的大多是深受资本市场追捧的炙手可热行业，健康产业也不例外。典型如江苏三友（现已更名为美年健康），在披露美年大健康作价 55 亿元借壳上市后，股价从停牌前的 8.3 元 / 股，最高涨至 65 元 / 股，其间连续出现 15 个涨停板。而拟通过现金 15.66 亿元收购博雅干细胞 80% 股权，借此形成金属制品业与生物科技医疗并行双主业的新日恒力，股价也是连拉 9 个

涨停板。跨界涉足健康产业的上市公司，其原有业主可谓五花八门，既有商业贸易、公用事业、房地产、农林牧渔，也有纺织服装、机械设备、化工、电子信息，林林总总，令人眼花缭乱。跨界标的大多为医疗器械与智慧医疗，如博实股份、奋达科技、美亚光电、中京电子、东华软件、万达信息、万方发展等，分别涉及器械耗材、可穿戴设备、医疗机器人、医疗信息化等领域。开能环保、新开源等在精准医疗方面拓展了基因与细胞治疗项目。

如此规模的上市公司杀进，大量资金涌入必然直接或间接地对"互联网＋医疗健康"的生态产生巨大影响。

马云在世界互联网大会上放出豪言："30年后让医生找不到工作！"虽然也有不同声音，但有识之士认为如果大医院人力资源得到释放，网上诊疗、家庭医生和联合诊所等就可能快速发展。互联网医疗的巨大潜力逐步被挖掘出来后，其提供的健康服务不但会分流三甲医院的患者，还会吸引很多优秀医生加入。

第四节 "互联网＋"时代医院管理创新发展

一、"互联网＋医疗健康"时代的"医院梦"

（一）建立科学合理的价格体系和长效补偿机制

这是确保破除"以药补医"后医院可持续运转必由之路。绝大多数综合性公立医院95%的收入都是来自运营而不是拨款，医改如何向纵深发展，"互联网＋"如何"＋"等问题可以各抒己见、慢慢研究，可是数以千计员工的吃喝拉撒是每天都要发生的事情，医院要生存要发展是硬道理。发达省区财政状况良好，一些省份、许多县市级的财政都只能是"工资财政"，能够按时发放公务员的工资就不错了。建立有效的补偿机制是院长和管理者们最期待的事情，换句话说，是否能及时有效的补偿是管理者们最关心也是最头疼的事情。药品无差价的规定，医院一下子减少了35%～42%，甚至更多的收入。在补偿机制启动前的这段时间，医院的运作会出现困难，很多医生可能将面对勒紧裤腰带的窘境。

（二）建立与医疗行业特点相适应的岗位绩效薪酬制度

合理体现医务人员劳动价值，有效调动员工的工作积极性。以下是美中两国医生的薪酬状况。2015年4月21日，Medscape公布2015年美国医生薪酬报告，来自 25 个科室超过 19500 名医生报告了自己在过去一年中的薪酬状况、工作时间、新医保所造成的工作变化，以及自己对新执业环境的适应情况。专科医生的平均收入为 284000 美元，而初级保健医生是 195000 美元。与既往几年相比，呈现一种整体的适度上升趋势。前三名为骨科医生（421000 美元）、心脏科医生（376000 美元）和胃肠病医生（370000 美元）。最低收入者为儿科医生（189000 美元）、家庭医生（195000 美元）、内分泌科和内科医生（均为 196000 美元）。我国情况以广州 2012 年为例，以中位数计算，总共 473 个职业和工种，医生排 201 位。

（三）明确院长责权，落实公立医院经营管理自主权

当今中国医疗体系中，大部分顶级三级医院都是各大高等学府的附属医院，院长的选拔、管理、权力等都比较混乱，所以，明确院长的选拔制度，建立现代医院法人治理结构是急需探索之路。

1. 自主经营

在医院内部，要适应市场需求，推进管理体制和运行机制创新，实现自主经营。

（1）调整医院领导体制。不管是实行党委一元化领导，还是党委领导下的院长分工负责制，抑或是院长负责制，都会对医院建设发展起一定作用。但从整体上讲，院长、党委、工会三者的职能，相互制衡的作用机制不完善、权责不明确、作用强度不够，医院缺乏经营管理自主权和灵活性，没有成为真正的法人实体，缺乏经营效率和效益。

（2）实现独立自主经营。国有医院要克服对政府的依赖思想，适应市场需求，加强内部管理，实现独立自主经营。要改革人事制度和分配制度，建立职业化管理队伍，注重吸引和培养卫生技术与管理人才，提高人员素质和经营管理水平，健全内部组织机构、规章制度和管理办法，建立董事的生成与退出机制、报酬激励与约束机制，提高医院经营效率和效益。

2. 完善要素市场

在医院外部，改革旧有体制，转变政府职能，理顺产权关系，完善要素市场。

（1）体制改革内容。一是政府以出资人身份与医院建立明确规范的产权关系，实现所有权和经营权两权分离；二是国有医院按照法人产权的要求建立和完善治理结构，使之成为自主管理、自我发展、自我约束的法人实体。行政部门要根据

区域卫生规划和分类管理的要求，合理布局设置政府举办的医院，重新界定政府卫生管理职责和作用。为促进医疗机构之间的公平竞争，政府就要切实推进依法行政和转变职能，明确定位中央、地方各级政府和各有关部门的卫生管理职责。政府的卫生管理职能要由"办医院"向"管服务"为主转变，治理结构要从人治走向法治，由直接干预转向宏观间接调控，不应再直接参与医院生产经营活动，改变医院与政府的行政隶属关系，使之成为市场经济条件下的平等协商关系，使医院能够根据市场需要自主组织医疗服务活动，扩大医院的经营自主权，真正成为独立法人实体，增强市场竞争的灵活性。

（2）综合管理医院。政府卫生监管手段也要由原来的单纯行政手段管理医院，变成通过综合运用规划手段、经济手段、行政手段和法律手段引导和管理医院。政府也可通过委托授权构建新型国有资产管理体制，改革卫生投融资体制，妥善解决国家与医院的产权关系。作为国有医院出资人的政府，享有出资人权利，如委任医院管理委员会或理事会，对重要行政管理人员任命的审核等。

（3）外部市场作用。要建立现代医院法人治理结构，必须考虑外部市场的作用，完善资本市场和人才市场这两大要素市场。在完善的资本市场上，资本可以自由流动，股东对于医院经营状况，就拥有用资本投票的权力，从而促使医院经营者不断改善经营状况，争取更多资本，包括民营资本，实现产权多元化。同时，资本市场的完善，使股东之间形成了较强的竞争性，多元化的投资渠道使股东不会过度集中，可以有效防止大股东为了自身利益侵害其他利益主体权益的行为。而人才市场若形成，医院可以根据自己的需要，自主挑选合适的人才，从而能对经营者起到一定约束作用。同样，各种人才也面临可挑选的医院，如果医院经营状况或实际股东与其他利益团体的分配制度不合理，便会造成医院人才流失，客观上对医院经营者和股东形成约束。

（四）"互联网＋医疗健康"时代服务范围无边界化带来病源增长

卫生公共平台以及移动互联网医疗，打破了区域间医院间的壁垒，使信息、资源及能量很容易渗透扩散，它是组织边界模糊化并顺利运行的工具和技术推动力。这类工具使人们超越组织之间的界限进行交流。网络信息技术使医院的服务范围无边界化。如果信息化基础好、新的医疗模式和流程改造得好，管理运营、个性化服务做得好，那医院的病源范围将会扩大至市外、省外乃至国外。

(五)患者依从性和黏性增强

医院业务接入互联网后，患者和医院之间信息不对称程度将大大减轻，患者无论在诊前、诊中还是诊后都能利用移动终端（手机 App 等）获得相关的医学和业务信息，如就诊前的就诊须知消息和提醒信息；就诊队列的实时查询；诊中的随时随地的缴费功能以及缴费后做相关治疗检查的指引信息；诊后的复诊、咨询和随访。这些将使患者在整个就医过程中得到很多相关的资讯信息，提升其就医的体验效果，从而感觉到医院服务水平的提升，那么患者需要再次到实体医院检测治疗时大多会首选上次就诊的医院，成为其"忠实客户"。

二、"互联网+医疗健康"时代的"医生梦"

(一)"互联网+医疗健康"进行时医生的优势

在整个"互联网+医疗健康"生态体系中，医生是医疗服务的主要提供者，是医疗团队的主体；其实，古今中外，不管是什么时代，不管医院建筑如何改变，医疗模式和就医流程如何改变，患者去医院主要是冲着医生去的。互联网技术可以减少与医生面对面的直接接触，或者直接接触的机会和时间大大减少，但是临床医生的作用是无可替代的（不管是专科医生还是全科医生）。名医、优质医生那更是稀缺医疗资源，是医院、患者和市场的抢手"干货"。

(二)"互联网+医疗健康"医生的动力

1. 连接患者

"互联网+医疗健康"特征之一是连接患者，更高的境界是连接一切。网上医疗平台可以更方便地让医生为患者服务，同时，让患者更方便甚至随时随地地得到医生提供的服务。网上医疗平台提供了一条较好的沟通渠道，有利于增进有效沟通，有助于医生与患者构建良好的医患关系。

2. 分流患者

远程会诊系统或网络平台是助力分级诊疗新政落地的新技术支撑，有利于分流患者或进行双向转诊。网上诊疗可以解决大部分复诊患者和会诊问题，尤其是慢性病的管理，可以有效地缓解三级医院拥挤和看病难的困境。

3. 迅速提高知名度

在网络上咨询和查找医疗知识的需求非常巨大，随着患者素质、要求和标准的提高，找对的医院、对的专科和对的医生成为常识和习惯，网上医疗的需求更旺盛。医生在网络平台上的良好表现很容易就可以接触到想要的患者，并在网络上快速传播开来，知名度迅速提高。这也是互联网的特征和优势。"互联网＋医疗健康"，可以助力医生多点执业，可以迅速传播医生的良好表现，有利于体现医生的真实价值。

第三章　医院档案之于医院管理的作用

第一节　档案管理对医院工作的重要性

一、医院档案管理的重要性

医院档案是医院在日常工作中形成的公文、电报、传真、影像等各种载体档案，它是医院发展留下的珍贵财富，医院科学化决策和医院现代化建设离不开信息资源的科学有效管理，同时也是为国家积累门类齐全、结构合理的档案史料。为管理层和各项事业提供及时准确的信息是医院档案管理工作的目的，同时围绕临床、科研、教学、管理等方面的信息开展服务，建立系统的档案管理体系，强化档案管理的效率观、动态观和现代观，将档案管理工作密切结合医院整体发展，为职工、患者以及社会公众服务。

医院管理实现制度化、规范化、科学化发展的重要标志是实施了科学有效现代的档案管理。档案管理是提高医院基础管理水平的需要。档案管理工作的好坏，直接体现了医院基础管理水平的高低，与文明医院建设、医疗卫生事业发展息息相关。

二、医院档案管理的分类

医院档案是指医院在党务、行政、医疗、统计等日常管理工作中形成的文字、图表、数字、病历、声像、光盘、磁盘、微机存储等真实历史记录。档案根据途径和利用方式的不同大致可分成以下几种。

1. 人事档案

人事档案主要指职工档案，包括职工的奖罚、考勤管理、职称管理、绩效管理等方面。由于干部人事档案真实记录了一个人的履历、水平和品德等，是医院组织人事工作不可缺少的重要参考。

2. 业务档案

业务档案是医院档案管理的重点，主要指病例档案、药械耗材档案、科研档案、财务统计档案、设备档案、医疗废弃物档案等。病历档案是医院档案管理不可或缺的重要部分，专业性和技术性强，是展现医院管理、医疗技术水平的关键依据。病历档案是广大人民群众疾病防治和身体健康的原始记录，其信息利用率高、实用性强，它需要档案管理者和医务人员在规定时间内完成收集、整理、组卷、登记、分类、编目、编码、排号、贮存以及档案的检索、利用等工作，全面系统分析医疗信息资料，及时准确提供给医院领导、医护人员和患者。科研档案主要指一线医护人员在医学的实践中通过不断总结，不断探索治疗手段的新思路和新办法，进而科研立项、实施以及科研成果推广的应用。

3. 行政管理档案

行政管理档案主要指上级主管部门或相关单位的行文及公函，以及本院在日常工作中形成的文件、规章制度、事项决策、通知、通告、医保政策、纠纷案卷、法律文书以及消防检查和社会化服务形成的材料等。

4. 党群档案

党群档案主要指上级和本院党组织、共青团、工会等群众组织在日常党务工作、共青团工作、工会工作中形成的文件和影像材料。

三、医院档案管理的作用

档案管理在医院运行过程中主要发挥以下五个方面作用。

1. 是医院管理的重要工具

医院任何决策及管理制度的出台，必须是建立在之前管理系统理论基础之上的，只有充分发挥档案的辅助作用，才能更有效地提高决策的科学化和管理水平。

2. 是医院运行的强力助推器

档案是医院日常运行的真实记录，具有凭证和参考作用。医院标准化建设和管理都是建立在项目档案整理和分析的基础上的，科学有序的档案整理为医院发展和决策提供有效依据，进而促进医院管理，不断提升医疗服务和管理水平。

3. 是医院文化传承的主要载体

档案真实记录和见证了医院的发展，是医院文化的重要组成部分。通过医院的档案能够了解到医院的成长历程、医院的院风、文化氛围等。医院院史中的照片、文字和实物真实反映了医院发展历程，同时深深凝聚和激发了医务人员的归属感和荣誉感。

4. 是法律保护的原始凭据

档案是当事人的业务活动的真实记录，能够保护医院、医务工作者、患者的合法权益不受非法侵害，对明确各方面的责任，减少不必要的纠纷提供法律依据。

5. 是岗前培训的生动素材

档案是医院不可或缺的教育资源，其真实性具有很强的说服力和感染力，真实的医学案例能够深入职工身心，防止错误再发生；翔实的事实资料为员工展现真实的医院，大大提高培训的效果。

第二节　档案管理对医院文化建设的重要作用

一、利用医院档案有助于增强医院文化软实力

医院档案在长期积累的过程中，积淀并传承着医院发展的理念与价值观，蕴藏着医院发展的灵魂和文化软实力。医院档案的内容十分丰富，是医院发展实践中最可靠的原始记录和权威凭证，从载体和内容两个方面最大限度地完成了记录历史、传承文化、传播文明和提升医院文化内涵与文化软实力的任务。从医院档案中挖掘出的医院文化软实力，是助推医院文化建设的核心，对医院可持续健康发展提供持久动力，从而形成饱含正能量的医院精神，不断提升医院的核心竞争力，最终使医院文化建设为医院发展创造出效益。从医院发展的档案积淀中挖掘出医院文化的精髓，又是提炼仁爱、包容、创新的医院精神的有效途径。通过医院文化建设形成的医院精神，可以用于谱写院歌、设计院徽、提炼院训，可以形成医院全体职工普遍认同的价值观和适应时代要求的服务理念，这正是医院档案体现医院文化建设的核心内容，是医院赖以生存和发展的精神支柱。

二、利用医院档案有助于引领医院落实人文精神

人文精神是对人的个性、价值、地位、尊严的关注、爱护和尊重，其核心是对人的精神价值的重视与人性关怀，即以人为本的价值理念。医院文化建设的基础是坚持以人为本，即对职工施以人本管理、对患者施以人文关怀，而在医院档案中始终贯穿着以人为本的人文精神。一方面，医院档案中保存着大量的准确信

息、数据和人文资料，还有成功的管理经验、优秀人物的先进事迹。医院管理者只有把职工当成医院最大资本、最好资源，紧密结合医院档案中的文化资源，用自己的知识、智慧和才艺，通过职工的知觉、动机、信念和期望等文化需求，影响职工的思想与行动，才能使职工愿景与医院目标相一致，从而产生医院文化的向心力、凝聚力和发展动力。另一方面，在医院档案中还贯穿着医学伦理与人文关怀思想，即医疗活动采取的合理与合乎道德的行为和决策，确保医疗目的和患者的权利，强调以患者为主体、满足患者需求、强化与患者合作，从而建立和完善渗透着医学人文精神的医疗文化与医疗制度，使仁爱、尊重、责任与公平的人文精神得到落实。

三、利用医院档案有助于强化医德医风建设

医德医风建设是要坚持患者利益至上、社会效益优先、落实医疗公平的原则，使医务人员在医疗服务工作中最大限度地满足患者康复的需要。医德医风建设反映出医院文化的价值观、道德观、文化环境和医院精神，是立足于以患者为中心、更新服务观念、提高服务质量、助推医院持续发展的精神动力。通过医德医风建设，使医学人道主义精神、以患者为中心的人文关怀理念深入医务人员心中，内化为医疗服务的理念、落实在为患者服务的实践中，这也是医院文化建设的生命力所在。医院档案保存着医疗法规制度、医疗标准、技术常规、操作规程等资料，医学病案（历）保管着众多患者最原始、最完整和最权威的病程记录、治疗过程与医疗结果，是重要的医学科技文献与科研档案，具有真实性、可靠性和系统性的特点，不仅是保护患者合法权益的凭证，也是进行医务人员医德医风教育的最佳内容。通过对病案（历）分析，查找医疗和管理过程中的缺陷，教育医院各类人员吸取经验教训，从而为提高医疗服务水平和医院管理水平打下良好基础。医院档案中蕴含着丰富的文化资源，充分利用医院档案强化医德医风建设，是医院文化建设的体现。

四、利用医院档案有助于提升医院思想政治工作

思想政治工作的根本目的是教育人们树立正确的世界观、人生观和价值观。在生活实践中，世界观、人生观和价值观问题对每个人来说都是最根本的问题，决定了人们的理想和信念。医院思想政治工作要做到以科学的理论武装医务人员、

以正确的舆论引导医务人员、以高尚的精神塑造医务人员、以优秀人物鼓舞医务人员，培养医务人员把全心全意为患者服务奉为自己的人生观，把患者利益置于个人利益之上的价值观，用正确的价值观分析利益取舍、辨别是非真伪，从而树立医务人员"白衣天使"的美好形象。医院档案中蕴含着丰富的人文、历史、科技等内容，是医院思想政治工作不可多得的文化资源和文化财富。在医院文化建设过程中，可以通过创建院史馆、荣誉展示室、编纂院史院志等方式，在做好院史资政工作的同时，详尽展示医院发展历程、优秀人才、丰硕成果，对医务人员进行医德史、行业史、院史教育，用身边的事和身边的人开展既生动活泼又丰富多彩的宣传教育、文化活动和思想政治工作。还可以利用档案开展科技成果展、名医专家风采展、优秀病历展、医德医风展，广泛开展核心价值观教育，提升医院思想政治与宣传工作的品位，以增强医院职工的自豪感、激发医院职工的责任感、树立医院职工的自信心，形成团结向上的良好工作氛围。

医院档案是医院的宝贵财富，是医院文化建设的精神财富。重视医院档案对医院文化建设的重要作用，就是要善于从档案中挖掘出精神财富促进医院文化建设，善于利用医院档案中的文化资源使医院文化建设别具特色，善于利用档案中蕴含着的文化软实力促进医院不断向前发展。

第三节　医院档案在医院管理中的价值与地位

一、医院档案在医院档案管理中的价值

在明确了医院档案在医院档案管理中的应用现状后，开展医院档案在医院档案管理中的价值探究，根据医院档案在医院档案管理中的特点，可以将其价值总结归纳如下：

1. 实现医院档案和资料的有效整理

医院档案的有效建立，可以进一步实现相关档案的有效整理。医院的档案管理人员，通过完成医院档案的整理工作，可以使得医院的各类资料的日期和类别得到明确的标注，并且按照其内容的重要性进行进一步的分类存储。

2. 进一步明确医院档案管理的内容和范围

以医院档案中财务档案为例，其主要包括医院的总账、单项账、日记账以及

医院的总资产和其他不固定的财产。因此，医院档案的建立可以有效实现医院财务管理内容和范围的明确性提升。同时，医院的档案中还包括医院签署的各项合同，这些合同内容的明确，也可以为医院管理工作的良好开展提供巨大的推动力，并增强医院管理工作开展的流程性和秩序性。

3. 方便医院内部人员的资料查看

医院档案的有效建立，可以使得医院的高层人员在进行医院的整体管理工作的过程中，能够有效地查看医院的医疗用品的采购合同、工程合同、技术合同，以及各项医疗票据，进而实现对于医院的各种状况的进一步有效地掌控。医院的管理人员以及相关的档案管理人员对于医院信息及档案情况的认识更加明确，可以有效地保障医院管理水平与成效，与此同时，也提升了医院内部人员对资料查看查找的便捷性，从而凸显了档案在医院档案管理中的关键性价值。

4. 明确医院档案的管理期限

医院档案可以对于医院的年度财务情况进行整体的统计，进而使得医院的财务报告可以按照其管理期限进行排列，有些财务报告重要性较高，其管理期限为永久性期限，而有些财务报告则可以按照其重要性划分为：五年管理期限、十年管理期限、十五年管理期限等。医院会计档案在医院档案管理中的价值若得以充分发挥，则医院财务管理档案期限可以体现出更加理想的明确性。开展医院档案在医院档案管理中的价值探究，主要可以将其价值总结归纳为：实现医院财务报告的内容的完整性和系统性的有效保障。

二、提升医院档案在医院档案管理中地位的途径

开展提升医院档案在医院档案管理中的地位探究，根据当下会计档案管理工作在医院档案管理工作中的影响力，具体可分为以下几点：

（一）实现会计档案管理人员的技术的专业性的有效提升

医院在开展管理工作的过程中，应当加强对于档案管理人员的考核和培训，为其提供学习与交流的机会，并且根据考核结果建立相应的奖罚制度，以此激发其自主学习的积极性。档案管理人员的技术的专业性的有效保障和进一步提升，可以使得会计档案更加体现出其价值性，进而保障了医院档案在医院档案管理中的地位。

（二）建立专门的部门开展档案建设工作

为了实现医院档案的内容完整性以及档案分类的系统性，医院在开展管理工作的过程中，应当建立专门的部门开展档案的管理工作，并配备相应的人员，此外，有关人员要加强对于档案的管理工作的重视程度，以此有效地确保医院的各项收入的明确性。

（三）着重开展医院的经济管理工作

医院经济管理工作的开展状况，无疑是决定医院的发展前景的重要因素之一。在实践中着重开展医院的经济管理工作，将会计档案应用于工作的开展进程中，可以体现医院档案在医院档案管理中的地位的不可撼动性。

（四）将先进的信息技术应用于医院管理工作

随着科学技术的不断发展，信息技术在各行各业中的应用也逐步地呈现出了普及性特点。将先进的信息技术应用于医院管理工作，可以有效地提升医院档案管理工作的精确性和时效性，进而使得档案管理工作的开展为医院的整体发展提供更大的推动力。档案管理人员的技术的专业性的进一步增强，可以有效地提升档案的真正效用的发挥，同时专门的档案管理部门的建立以及先进的科学技术的应用，都可以使得档案在医院的档案管理工作开展进程中发挥出更大的功效，实现自身的地位，引导医院获得更加广阔的发展空间和更加理想的发展前景。

第四节　医院档案在医院建设中的作用

一、人事档案在医院人力资源管理中的作用

（一）人事档案是医院人事部办理各种人事手续的可靠凭证

人事档案是贮存人才资源的信息库，是个人历史忠实完整的记录，可以为当事人落实政策、确定个人三龄一历、工资调整、解决生活待遇、劳动保险、入党团以及离退休手续的办理、出国（境）政审和婚姻生育状况等提供可靠的凭证。如我院许多同志在办理退休的时候，因找不到数年以前的独生子女证明，而无法实现退休工资的 5% 增幅，来医院综合档案室查找相关的证明，在档案人员的密切配合下，查找出八十年代初期的档案，以此为据，为独生子女证的补办提供了可靠的凭证，顺利补办到独生子女证，保障了退休人员的合法权益和得到应有的

待遇。

（二）人事档案是医院知人善任、选贤举能的一个重要依据

查阅人事档案是医院在选拔、使用、考察、培养干部，竞聘上岗等方面的一个重要程序和工作制度。如我院在接收新进人员时，都要查阅本人的人事档案，以档案中的学业成绩及思想表现情况来综合评判进行政审，完成新进人员的聘用手续。

（三）医德档案的建立有利于构建和谐医患关系

医德档案是医院医德医风建设的主要内容，为应聘、晋职评选等提供客观可靠的重要依据。医德档案中的主要材料为年度医德（职德）考评表，其动态地反映了每一个医务人员的职业道德、工作水平和精神面貌，是医务工作者医德医风实践的真实记录，客观真实记载着医务人员的道德轨迹。

二、会计档案在医院管理发展中的作用

会计档案可以为医院制订经济计划、进行可行性研究、作出经济决策提供可靠的数据和可比性资料；会计档案以大量的原始数据，为医院的财务工作和生产经营提供决策依据；会计档案对保护医院国有财产、监督执行国家财务制度、查处经济案件等有着重要的作用；会计档案还可以为医院研究经济发展提供研究史料。

如我院有一收费员擅自挪用公款，非法侵占医院现金，医院发现便立即移交地方检察机关，通过档案人员翻阅各种会计档案，寻找其作案的蛛丝马迹，找出起诉的重要证据，最终将其绳之以法，有效遏制了恶性事件的继续发生，有力挽回了医院的重大损失。由此可见会计档案对医院管理的重要性。

三、科技档案在医院科技发展中的作用

医院科技档案，是指医院在医药卫生科技活动及防病治疗过程中形成的具有保存价值的文字、数据、声像、图表、软盘等各种载体，并且按照一定的归档制度作为真实历史记录集中起来保管的科学技术文件材料。

医院科技档案能为医院进行科研管理、科技决策、科学研究、技术交流、著书立说、职称评聘、经验总结等提供信息和依据，起到凭证和参考作用。

四、设备档案在医院运营中的作用

医疗设备档案包括设备购进档案和设备维修档案。其详细记载了医疗设备从申请购买、考察论证、招标谈判、签合同、付款、安装验收、使用维修到报废的整个动态过程。医疗设备的购置或更新必须经过周密的考察和分析，设备档案也就成为十分重要的第一手资料，充分利用这些信息资源，做好前瞻性、预测性服务，为医院的决策提供及时、准确的参考信息。另外，良好的档案管理还可为设备管理部门在设备妥善维修、减少故障发生、确保医疗工作的正常进行提供了重要的保障。

第四章 医院档案管理实务

第一节 教研室与医院实验室档案管理

一、教研室档案

教学、科研档案是教研室必须存档的重要资料。随着信息时代的到来，信息在人们的生活、工作中发挥着越来越重要的作用，如何做好教研室档案管理工作，使其更好地促进和指导教学、科研等活动就显得非常迫切和必要了。

（一）档案内容

1. 教学档案

教学档案是指在教学活动中直接形成的，具有考查利用价值，按照一定规律集中保存起来的各种文字、图表、声像等不同载体形式的文件材料，是教学内容、方法、途径和效果的真实记录，是进行教学活动和教学研究不可缺少的依据和参考，是改进教学工作、提高教学质量、促进学术交流的信息资源，包括载有下列信息的文本、声像资料、磁盘及必要实物。

（1）上级文件，教学相关的规章制度；

（2）教学大纲，年度工作计划，教研室教学实验计划；

（3）典型教案、讲稿；

（4）教材，重要补充教材，参考资料；

（5）学员课程考试，考查成绩，试卷，试题，标准答案和质量分析，教学日志等；

（6）教研室学年教学工作总结，教学经验总结；

（7）教研室重要教学活动材料；

（8）教学成果及教学论文材料；

（9）教学改革与研究有关材料；

（10）教研室教师获奖、受表彰及在学术团体任职情况。

2．科研档案

科研档案是指在科学研究、技术革新、科研成果的推广使用中所形成的，具有保存和利用价值的，按一定的归档制度集中保管起来的科学研究文件材料。包括：

（1）科技文件资料；

（2）科研课题开题立项，研究，总结资料；

（3）科研成果资料；

（4）专利项目材料，如发明专利、实用新型专利和外观设计专利的请求书、说明书、设计图、照片、权利要求书、代理人委托书、专利证书以及国家发明奖的申报书及审批文件等；

（5）科研经费使用，消耗材料；

（6）科技学术交流，外事活动资料。

3．其他档案

（1）教研室发展史，大事记；

（2）教学效果调查和质量分析；

（3）师资培养规划、计划及实施、检查结果等；

（4）学术论文（复本）资料，学员在学期间撰写的本专业文章及与教学相关的其他材料；

（5）经费开支材料；

（6）仪器设备基本情况。

（二）档案管理

1．分工负责，及时沟通

档案管理是全体教师的共同教学活动，要在档案管理上采取分工负责、定期汇总的管理模式。大家都参加档案的收集整理工作，集中群体的智慧，以使教研室档案的种类更加丰富，质量更高。同时，大家都了解档案的形成、管理过程及内容，也就为在教学科研中更好地利用档案提供了可能。

2．及时装订，定期交流

档案管理要逐渐形成制度，档案及时装订，定期在业务会上交流各自收集的档案及资料，年终或学期末，评出档案收集先进个人或小组，给予奖励。这样做

一方面确保完整地保存教研室的档案资料，另一方面确保各种资源在教研室范围内得到最大限度的共享。

归档材料应手续完备，质地优良，格式统一，书写工整，声像清晰，装订规范。

科研档案的组卷：一个研究课题档案一般由1～2卷组成。第一卷为主卷，包括开题报告、研究计划、原始记录、总结论文等；第二卷包括查新报告、鉴定证书、评议意见、使用情况等。

3. 利用计算机，逐步标准化

随着计算机的普及，档案的自动化管理势在必行，一方面可简化管理程序，另一方面可使档案材料更好地服务于教学科研工作。如将考试试题输入计算机，试卷全部由计算机排版打印，既防止了手抄存在的易出错且修改困难的弊病，又使试卷卷面整洁美观，易于标准化。由于各期试题全部存于计算机，经过多年的积累，将逐步形成小题库；并且，可在每年出题时，通过计算机编排功能实现互相填补和完善；同时，也可将各种教学总结材料输入计算机，逐步实现计算机对教学档案的全面管理，方便资料的提取、检索和使用。今后，可将所有教学科研资料输入计算机，如教师授课情况、考试试题分析、科研项目及成果等，以充分发挥计算机在档案管理中的作用，更好地发挥档案在教学科研中的指导作用，使档案管理提高到一个新的水平。

（三）档案使用

档案管理不应仅仅是一种保存手段，更应该服务于教学科研活动。因此，在教学过程中要注意利用和发挥档案的指导服务作用，如将各期试题单独装订成册，使之成为课程结束后考试命题的重要参考资料。某些资料从收集到保存都从教学的实用性出发，如实验课实行授课登记制度，将授课内容及仪器使用情况按时登记，积累档案资料，完善实验室仪器管理，更便于教师之间的互相沟通和监督。教学档案可定点保存，像实验室器材管理册即由实验室人员保管，人员更换，则档案易主，便于接管人员之间的互相监督，成为教学科研管理的一部分，一方面发挥了档案效能，另一方面促进了教学。

档案管理作为教学科研活动的重要组成部分，应从实际出发，充分利用其直接来源于教学科研、贴近具体教学科研活动的特点，使其渗透到教学科研过程的各个环节，这样才能充分发挥它的实用性。为此，档案管理部门应充分发挥档案在教学科研管理和院校建设中的作用，努力提高档案开放效益和利用率，直接为教学科研工作服务。档案管理人员应当熟悉所保管的档案，编制目录、卡片、索引等检索工具和参考资料，逐步实行计算机管理，为档案利用部门提供高效率的服务。同时，建立严格的档案使用制度。档案一般在教研室阅读；复印、外借或借阅不便公开的档案，必须按照管理制度，严格手续，对借出的档案应当适时催还；对退还的档案应当严格清点、入库。利用教学档案的单位和个人，应当遵守有关档案管理规定，不得涂改、勾画、批注、剪裁、转借和私自复印；对借出的档案，应妥善保管，按时归还；对遗失、损坏教学档案的视情节轻重，按照有关规定，追究其责任。

二、临床实验室档案管理

为了了解人体结构和疾病产生的原因，古代的埃及人、罗马人和希腊人建立了解剖实验室，并在尸体解剖的基础上逐渐形成了病理学。病理学的英文为pathology，在拉丁文中"patho"代表痛苦的意思，"logos"代表研究，pathology也就是痛苦的研究。尸体解剖的目的在于了解患者的死因，但除此之外，人类还需要了解疾病的起因和发展，需要了解组织细胞变化与疾病发展之间的关系，以便采取相应的预防和治疗措施，这些未知数是形成现代检验医学的基础。

检验医学是在基础科学的理论上发展形成的，早期的检验医学是由医师或医师指导下的技术人员利用手工方法开展一些简单的实验，这种方式耗时、变异大、易受技术和人为因素的影响。随着科学的进步，当实验过程变得越来越复杂，一些熟知检验技术的医师，开始培训一些专门的人员帮助他们执行复杂而众多的实验。这些不同学科的医师对检验医学这门新兴学科的建立起到了至关重要的作用，检验医学逐步形成了自己的实验标准和规范。1928年，美国临床病理家学会（ASCP）成立了国家注册委员会，专门教育培训非医师的实验室工作人员。

20世纪40年代以前，临床实验室（以下简称实验室）规模很小，只有显微镜、目测比色计、温箱等简单的仪器。到了50年代末期，生化分析仪、血液分析仪等自动化设备进入了实验室，大大增加了实验室可检测的项目，同时大大缩短了检测所需要的时间。到21世纪初，一个现代化的实验室可以拥有近百台不同类型和型号的仪器，每年可以完成数百万甚至上千万个检测，为临床医师

和患者提供了大量的信息。20世纪80年代以来，特别是近十年，我国许多医疗卫生机构的实验室改善了工作环境，更新了仪器设备，增加了检验项目，检验医学在疾病的预防、诊断、治疗、健康检查方面发挥着越来越重要的作用。仪器设备的引进和更新大大促进了我国检验医学的发展，但是我们也必须清醒地认识到，仅仅拥有好的自动化仪器并不是解决检验质量问题的根本所在。实验室要想取得成功，其管理人员就必须具备领导和管理才能，领导才能表现为对实验室准确的定位和掌握实验室的发展方向，管理才能则侧重于为了达到工作目标采取的具体步骤上：一个好的实验室管理者必须拥有良好的洞察力，建立适当的工作目标，最大限度满足患者、医生、实验室工作人员和医院管理层的需求。为了满足实验室用户的期待和要求，实验室的管理者应对面临的环境变化、检验医学的技术进步、临床实验室管理理论的发展有充分的认识，加强实验室硬件和软件两方面的建设以应对挑战。

（一）概述

1. 环境变化对临床实验室产生的影响

随着经济的发展、社会的进步、医疗卫生体制和医疗保险制度改革的不断深入，实验室不可避免要受到一些影响，如：

（1）人口素质变化的影响。我国教育事业的不断普及和深入使公众自身素质得到了极大提高，良好的健康教育和广泛通畅的信息来源使其对医学科学能力和医疗机构应提供的医疗服务有了比较深入的了解，床旁实验和家用试剂盒的开发与普及又使得公众对检验医学有了更多的认识，因此公众对自身健康水平会予以越来越多的关注，对临床实验室的检验质量和服务水平会提出新的、更高的要求。

（2）医疗保障制度的影响。美国20世纪90年代的医疗费用已占到国内生产总值（GDP）的12%，且每年仍以2.4%的速度增长。我国正在实施的医疗保障制度改革强调医疗资源和费用的合理应用，通过新的医疗保障制度的实施，政府希望在保障公民健康水平的基础上更有效和更经济地利用实验室服务，因此引入循证医学的概念对实验室现行的检验项目重新进行评估和管理，对新的检验技术和项目实行准入，合理利用实验室资源、限制检验费用支出势在必行。

（3）"防御意识"的影响。2002年9月1日实施的国务院《医疗事故处理条例》

和检验医学的进步将会促使临床医生更多应用实验室的检验结果，临床医生和患者对检验结果的有效性、准确性和时效性将会提出更高的要求，更多的医疗卫生资源将应用到实验室，实验室的工作量将会增加。

（4）人口结构变化的影响。社会、经济和医学技术的迅速发展使我国人口的寿命越来越长，据估计到2050年，我国60岁以上的人口比现在要增加三倍，加之人口出生率的相应降低，老年和中年人口将逐年增加，中、老年人易患的心脑血管、神经系统等疾病也会相应增加，实验室会增加相关疾病的检测以反映出这一趋势，实验室的检验项目及工作内容会发生相应的变化。

（5）先进技术的影响。生物技术的迅猛发展，计算机和检验医学的紧密结合大大促进了检验医学的发展，极大提高了实验室处理大量复杂分析实验的能力。随着对人类基因图谱认识的不断深入，新的基因诊断技术逐步形成。数据或图像如细胞和组织的三维图像可以通过数字化形式高速度网上传递，实验室和医生可以得到远程快速咨询服务。小型化的床旁实验和大型的实验室全自动化都将对临床实验室未来的工作模式和学科划分产生根本性的影响。

（6）医学伦理学的影响。先进的实验室检验技术特别是基因检测技术能发现受试者健康状况表现异常，基因检测可预测某种疾病的产生概率，这就给受试者参军、上学、受雇佣、结婚以及购置健康保险产生影响，临床实验室的检验报告会涉及受试者及其后代就业、结婚、生育、健康保险等诸多问题，如何适当应用实验室检验技术服务于社会也成为我们面临的课题。

2. 检验医学的变化

我们习惯于根据方法学的不同将实验室分为临床生化、临床免疫、临床血液体液、临床微生物和分子生物学等不同的专业实验室。目前新的技术已使主要检验分析仪器的组合成为现实，一份血样在自动化的分析系统中可以完成对生化、免疫和血液等多项检查，同时也实现了标本分析、标本处理和标本储存的一体化。当模块式的全自动化分析仪引进以后，实验室可以在较短的时间内以组合的方式完成大量的多专业的实验，这必将引发实验室内部组织结构的变化，专业实验室的合并能促进实验室人力、设备和空间等资源的有效利用，减少费用支出。

床旁实验（POCT）将会成为检验医学的另一发展趋势。在医疗工作中及时对患者实行诊治，可防治其病情恶化，减少住院天数，降低医疗成本，因此缩短

检验周转时间（TAT）就显得尤为重要。床旁实验简便、易行，可在标本采集后几分钟内得出结果，已成为缩短检验周转时间的最有效的方法之一。简便快速的检验方法和便携式的小型仪器是实施床旁实验的必要条件。目前临床化学、免疫学、血液学和微生物学均有适用于床旁实验的仪器和试剂。虽然有客观的数据表明床旁实验有增长的趋势，但是也有部分专家对于床旁实验的未来发展持谨慎态度，床旁实验的质量保证措施目前尚不完善，操作一般由非检验专业人员执行，检验结果的稳定性和可靠性受到一定影响。

检验技术的不断创新和进步对实验室工作人员的技术能力要求产生了重大影响，过去实验室一些技术要求不高的、重复性的工作如标本采取、标本处理可以由非检验人员负责，检验技师负责维护设备的正常运行，控制实验过程的质量，分析和解决可能出现的问题。未来随着高新技术的逐步应用、实验室的自动化程度不断增强，实验室对非技术人员的需求将明显降低，对高级检验技师的需求将有所增加，同时对熟知实验诊断学，并具备一定临床经验的检验医师的需求将大大增加。

（二）管理及管理特性

1. 管理的定义

管理作为一种普遍的社会活动，其产生已有久远的历史。尽管人类社会已对管理进行了长时间的研究和利用，但至今对于管理的定义尚无完全统一的认识。有专家认为管理"是一种特殊的社会实践，它是协调集体活动以达到预定目的的过程。"国际标准化组织将管理定义为"指挥和控制组织的协调的活动"。以上定义对于实验室管理人员显然过于简单和抽象，不易理解。管理的第一要素是集体活动，只有集体活动才需要协调，集体活动的参与者可以是几个人，也可以是成千上万人。管理的基本对象是人，尽管管理还涉及财、物、信息等内容，但仅仅针对后者的管理不能称之为真正的管理。管理作为一门学科受到重视出现在工业革命时期，要想使实验室工作获得医院管理者、医护人员和病人的认可，实验室的管理人员接受专门的管理技能培训就显得尤为重要。

管理是一种特殊类型的社会实践活动。在现实生活和工作中，存在着两种类型的社会实践活动：一类是人们亲自动手，作用于客体，产生直接效果，比如实验室的技术人员利用手工或自动化仪器按照一定的操作程序进行临床检验活动，获得检验结果，此类活动通常称之为"作业"。另一类是通过施作用于作业者，对改造客观世界产生间接效果，通过计划、组织、控制、指导等手段，整合资源达到预期目的，这就是管理。实验室的工作目标是尽最大可能为临床医师和患者提供优质的检验技术服务，实验室的工作人员、设备、设施、资金等均为实验室的资源，如何有效整合利用这些资源对实现自己的工作目标，满足临床需求至关重要，因此实验室的工作完全符合管理工作的一些基本特性。只有医院领导和实验室管理者认识到管理工作对于实验室的重要性，才会促使实验室服务水平得到质的提高。

2. 成功的实验室管理必须具备的条件

管理渗透到现代社会生活的各个方面，凡是存在组织的地方就存在管理工作。成功的实验室管理至少必须具备以下五个条件：

（1）实验室希望达到的目的或目标。实验室的工作目标是以经济的和对患者伤害最小的方式，提供有效、及时、准确的检验信息，满足临床医师对患者在疾病预防、诊断、治疗方面的需求。当然，不同实验室的工作目标也可有所不同。如有的实验室可将目标瞄准国际一流、参加国际上统一标准的实验室认可，争取与国际接轨，有的可定位为地区内检测项目和水平领先的实验室，也可以将目标定位于主要满足本院临床医师和患者的需求。

（2）管理者必须具备领导团队达到目标的权利。要达到实验室设定的目标，实验室管理者必须具有相应的权利，如实验室内部组织结构的设定权、人事安排权、财务分配权等。医院领导只有授予实验室管理者这样的权利，才能保证实验室管理者在实验室中的领导地位和权威，才能保证实验室工作目标的实现，从而有利于医院工作总目标的实现。

（3）必需的人力、设备、资金等资源。资源是实现实验室工作目标的基础，没有资源作为保证，任何形式的组织目标都会成为空中楼阁。如实验室的检验周转时间工作目标非常明确，但如果没有足够的技术人员、没有自动化的仪器，就不可能满足临床尽快返回报告的要求；如果没有既了解实验技术，又熟知临床医学的检验医师，就不可能达到对临床提供咨询服务的工作目标。

3. 实验室管理者

管理者是指在一定组织中担负着对整个组织及其成员的工作进行决策筹划、

组织和控制等职责的人。管理者在管理活动中起着决定性的作用。管理者的素质如何，管理机构的设置是否科学，管理职能的确定和运用是否合理等，直接影响管理的效果。

实验室管理者要在管理活动中有效地发挥作用必须要有一定的权利和能力，实验室管理者的权利通常是通过医院领导任命和授权取得的，但我们不应忽略实验室管理者本人的威信和声望所获得的影响力也是权利的一个重要组成部分。实验室管理者的能力主要是指组织、指挥能力，技术、业务能力，影响、号召能力，作为一个实验室管理者，要尽量满足这三种能力要求，但是在不能求全的情况下，对于管理者而言，最主要的能力应该是组织和指挥能力。因为实验室管理大量的是组织、指挥、协调工作，而不是单纯的技术、业务工作。目前我国的现状是实验室管理者多是生化、血液、免疫、微生物中某个专业的技术专家，技术和业务能力较强，影响、号召力也有，但唯独缺乏组织和管理能力，缺乏在此方面的系统培训。医院领导和实验室负责人一定要认识到组织管理工作对实验室的重要性，中华医院管理学会临床检验管理专业委员会也应组织相应的培训，帮助实验室管理者尽快提高自己的管理水平。

实验室要想取得成功，就必须要有具有领导和管理才能的人员承担起实验室的管理工作。实验室管理者要有清晰的管理思路和工作方式，必须拥有敏锐的洞察力，善于发现检验技术的发展方向，接受过良好的教育并具备相应的管理能力，有良好的身体条件，精力充沛，反应敏捷，思路开阔，勇于开拓，愿意承担责任，有从事检验工作的知识、经验和教训，对经营、财务管理等专业知识有一定的了解。

4. 实验室管理人员工作方式

现今的医疗环境要求实验室的工作应具有有效性、准确性、时效性、经济性和安全性，而实验室的检验项目、检验技术、分析仪器、实验人员等工作环境总是处在不断的变化之中，这就对实验室管理提出了很高的要求。尽管实验室的工作环境在不断变化，实验室管理的工作模式可以相对稳定，现就实验室管理人员的工作方式建议如下：

（1）在与医院领导、临床科室及医院有关部门商议后，明确实验室能够提供的检验服务和水平；

（2）配备足够的设备和人员等资源满足医师、患者等实验室用户的需求；

（3）实验室工作人员必须接受过专业和管理的双重教育与培训教育，并达到国家规定的相应资格要求；

（4）建立实验室质量保证体系，制定实验室管理文件，定期审核和修订以保证质量体系的正常运转和不断改善；

（5）对实验室的收入和支出应实行有效的管理和控制；

（6）积极参加临床实验室认可活动，从管理和技术两方面对实验过程实施从分析前、分析中到分析后的全面质量控制；

（7）建立实验室内部和外部的沟通制度，沟通必须是双向的和开放的；

（8）实验室应有发展规划，要对实验室有明确的定位、未来希望达到的目标以及在现有的环境下通过采取什么样的措施才能达到这个目标。制定短期应达到的分目标应是整个战略发展规划的一部分；

（9）检验结果必须以准确、完整、易于理解的方式迅速送达医生等用户手中；

（10）实验室有责任就检验报告为临床医生提供科学的解释和参考意见。

第二节　医院科研信息档案管理

一、科技档案

科技档案工作的基本任务是保管和开发科技档案信息资源。保管是科技档案工作为人类积累科技文化财富的具体措施，开发利用科技档案信息资源是为了发挥保管工作的效益，进一步促进科技档案工作的开展。虽然二者相伴而生，但是由于科技档案信息资源的开发利用，要以科技档案资源的积累为基础，这项工作的开展则滞后于科技档案的资源积累。

科技档案信息资源的开发利用工作的开展可分为三个层次。第一个层次，是以方便利用者查找为目的的信息开发工作，即科技档案部门编制检索工具，为利用者及时、准确地找到所需要的科技档案原件创造条件，并且通过不断完善检索工具的功能，形成科技档案检索体系，使库藏的全部科技档案都能够被利用者认识，进而使科技档案信息资源得到广泛地利用。第二个层次，是以协助利用者利用科技档案为目的的信息开发工作，即科技档案部门对科技档案信息进行加工，

为档案利用群体提供系统、优质的科技档案信息，以节省利用者查找、鉴别相关科技档案的时间，提高科技档案的利用效益。第三个层次，是以参与利用者的信息研究为目的的信息开发工作，即科技档案部门从单纯地为档案利用者提供适宜的科技档案信息，发展为有针对性地向利用者提供，作为决策信息支持的相关科技档案信息的综合研究成果。这时的科技档案编研人员已经从单纯的科技档案信息的提供者，变成了科技档案信息的提供与利用者。这三个层次体现了科技档案信息开发利用工作渐进发展的过程，也是科技档案工作不断完善其功能的过程，对现代科技档案工作具有重要的意义。

（一）科技档案编研工作

科学技术档案编研工作简称科技档案编研，是中国档案界根据其工作内容概括的一个专业概念。即在科技档案信息研究的基础上，按照一定的主题将相关科技档案信息集中，把它们加工成各种形式的科技档案信息产品，有效地向社会提供优化、系统的科技档案信息的一项科技档案信息资源的开发利用工作。因此，科技档案编研工作具有以下特征。

1. 科技档案编研工作以科技档案信息为主要工作对象

信息是人类社会活动的重要条件，伴随着社会信息能力和信息数量的增长，我国在信息管理方面分别形成了图书管理、档案管理和情报管理的社会分工。在各自长期的管理活动中，逐渐积累了一定规模的管理对象，并且针对它们的特点展开了各自的信息研究与加工。在图书和情报部门，这项工作被称为情报或信息研究工作，档案部门则称其为编研工作。在图书、情报和档案工作"三足鼎立"的情况下，深入开发各自的信息资源，是全面、合理开发国家信息资源的客观要求。

坚持以科技档案作为科技档案编研主要的研究、加工对象和信息源，是科技档案编研能够持续发展的前提。首先，长期、持续地积累使科技档案部门拥有大量、丰富的科技档案信息资源，以科技档案信息作为开发研究的主体，发挥了科技档案部门的优势。其次，科技档案具有较强的专业性，开发科技档案信息资源需要编研人员具备相关专业的基础，科技档案工作者长期从事科技档案管理工作，熟悉科技档案信息的特点，开发科技档案信息资源更为得心应手。特别是科技档案部门开发自有的档案信息资源，还能为档案所有者创造一定的经济效益，不会引起知识产权纠纷，必然受到各方面的支持。

以科技档案信息为开发主体，并不是一概排斥其他信息，反而要求适当吸收相关科技信息。科技档案编研是以集中相关科技档案信息的形式为利用者服务的，为此，一方面，科技档案编研为了保证提供信息的实用性，必须适应科技活动的延续性和动态性特点，及时补充相关的科技信息；另一方面，还要考虑利用者的客观要求，将他们关心的相关信息补充进来。这就要求在编研过程中，要特别注意将相关科技对象或活动的最新信息，如继续形成的相关科技活动的信息、相关技术或产品的市场反馈信息以及同行业相关科技信息等，及时收入编研成品之中。

2. 科技档案编研以主动满足一定规模的利用需求为目的

科技档案编研是开发科技档案信息资源的一种方式，是针对大量和系统的利用需求，积极提供高质量的科技档案信息服务的具体措施。强调编研的目的性，在当前要求编研工作满足一定规模的实际需要，这是协调科技档案编研与其他各种科技档案利用方式的重要依据。而且，随着信息化的发展，必然将更加注重编研工作的效益。

3. 科技档案编研以档案信息研究为基本手段

科技档案编研是一项科技信息的再生产活动，与其他科技档案工作相比，突出特点是对科技档案信息的智能控制。其他科技档案工作多以档案实体为对象，如科技档案的整理、立卷、保管、调卷等工作，虽然都是专业性档案技术操作，但是它们毕竟很少涉及对科技档案信息的研究，而编研工作要实现其预期的目的，必须以科技档案信息研究为手段，离开了对科技档案信息的研究，任何一项编研工作都将寸步难行。

4. 科技档案编研以提供高质量的档案信息服务为标志

科技档案编研的根本目的是进一步发挥科技档案信息的作用。为此，科技档案编研提供了易用的科技档案信息及其新的载体形式，以其创造的信息产品缓解了科技档案利用的矛盾，较好地满足了利用者对科技档案信息系统利用的要求。为此，编研工作不仅要求每个编研成品信息的高质量，而且还要求编研成品交流的高效率，在此意义上，提供科技档案编研成品具有其他档案利用形式无法比拟的优越性。

（二）科技档案编研工作的内容

为了适应经济建设、科学技术事业和信息经济发展的需要，实现科技档案编研工作的目的，科技档案编研工作应该由编研技术工作和编研管理工作两部分组成。因此，科技档案编研工作具体包括以下内容：

1. 科技档案编研技术工作的内容

（1）科技档案编研成品的选题和选型

科技、生产活动是人类社会基本的实践活动，由于它的目的、内容、方法和要求各异，对科技档案信息的需求也是多角度、多层面的。为实现科技档案编研应有的效益，首先要根据科技、生产及其管理活动与社会其他工作对科技档案的利用需求，有针对性地确定编研项目的主题；为了提高科技档案编研成品的利用效果，还要求进一步确定最适宜表现编研信息主题的编研成品类型。这样才能实现编研工作的目标，进而为编研任务的顺利完成奠定基础。

（2）科技档案编研材料的选择与核实

充分占有相关科技档案材料是科技档案编研工作的基础与优势。受科技档案的形成规律的制约，科技档案信息虽然丰富，但是同类科技档案信息却散存于各套档案之中，科技活动的相关性和渗透性，使相关科技档案信息在科技档案实体中的分布更加离散。而符合编研成品主题和类型要求的编研素材，必须经过对科技档案材料的查找、鉴别加以确定，以便使科技档案编研工作具备信息加工的对象。

（3）科技档案信息的加工

档案信息加工指按照既定的要求，通过对入选科技档案材料的综合、归纳、提炼与改编，形成科技档案信息单元的编研作业过程。信息加工一方面是为了使科技档案信息的表达更加准确、扼要，来提高其易用性；另一方面，是为了明确或揭示科技档案信息之间的关系，进一步提高入选信息的整体价值，充分方便利用者，为实现科技档案信息的价值创造条件。

（4）科技档案编研成品的后期制作

科技档案编研成品是系统揭示相关科技档案信息的载体。必须根据一定的结构和体例形式，将加工的信息单元有机组织起来。按照信息交流的要求，还要编写有关的辅助部分，经过排版将选择、核实、加工形成的单独的科技档案信息，组成便于流通和使用的科技档案编研成品。如果将编研工作内容，形象地比喻为工业产品的生产过程，那么，信息加工就是"零部件的生产过程"，编排与后期制作就是"整机装配过程"。

（5）科技档案编研产品的校核与审定

科技档案编研成品的校核，是对编研成品进行整体的检查与修改。科技档案编研产品的审批，指在对编研成品初稿进行审查批准的基础上，作出有关该编研成品制作、交流的一系列决定。虽然校核和审批都是对编研成品进行最后的把关，但是它们的任务与责任是不同的，校核是保证编研成品质量的重要措施；审定则体现了科技档案编研成品法人对其法人或职务作品知识产权的认定。

2. 科技档案编研组织管理工作的内容

科技档案编研工作是一项长期发展的科技档案业务工作，必须实行科学管理才能使它真正成为科技档案工作新的生长点。加强编研工作的组织管理，不仅是科学、高效地开展科技档案编研工作的客观要求，也是科技档案编研工作顺利发展成为信息服务机构的必要条件。包括：

（1）编研的计划管理，即运用现代管理与市场经济的理论与方法，组织、协调与指导本单位及所属单位科技档案编研项目的选题与编研作业；

（2）编研的人员管理，即根据科技档案编研工作的要求，对编研人员进行合理的组织与培养，提高他们的积极性与编研技术水平，从根本上保证科技档案编研工作顺利进行；

（3）编研的作业管理，即以控制编研成品质量为目标，对编研作业实行全过程的科学管理，不断提高科技档案编研工作的高效率；

（4）编研成果的管理，即进行编研成果的申报、评价及编研档案的管理。

（三）科技档案编研工作的必要性

1. 现代化建设的客观需要

现代化是一个相对的观念，各发展时期都具有不同的内涵。建立和完善社会主义市场经济体制与加速国民经济信息化，是现阶段我国社会主义现代化建设的主要标志，也是我国赶超世界科技潮流的重要步骤。现代化使国人体会到了全球竞争的意义，市场机制的核心是竞争，而赢得竞争的前提是获取充分的信息，这足以说明信息在市场经济中的重要地位。微观市场活动是这样，宏观调控更是如

此。获得信息、分析信息、发布信息，既是政府制定宏观经济政策的基础，又是政府进行政策引导的手段。

当前世界经济的发展状况是，传统工业生产方式的重要地位逐渐为以信息技术革命为代表的知识经济所取代。知识经济是建立在知识和信息的生产、分配与使用基础上的经济。它是以高科技发展为主导因素的新的经济形态和以高新技术与知识密集型服务业为主体的新的经济结构。

知识经济的崛起导致现代竞争的优势从企业的制造技术转向企业的科技创新，致使无形资产在企业资产总值中的比重显著上升。现代企业"主要关注的对象是信息、知识、人才，而不是原料、设备和劳动力"，并且"将物质生产过程视为一种信息获取、存储、处理、传输、控制的流动过程，从而在人机、机机以及机器与劳动对象之间，以数字化作为共通的桥梁，建立起自动化系统"。

知识经济的崛起强化了社会的信息需求，也向人类昭示了信息加工产生知识的重要作用，这不仅对企业档案、情报等传统信息工作的发展产生了重大影响，而且刺激了新兴信息产业的诞生。使代替别人管理信息或对数据进行处理，即以信息产品为基础的新兴信息服务业迅速发展。在美国已经出现了专门为企业保管和开发档案，并使其增值的企业"历史工厂"，至于以信息为依托形成的各种数据库业、信息咨询服务业，更是令人眼花缭乱、耳目一新。

在现代企业内部，信息在资源配置中的基础作用及其在科技创新中的能动作用日益显露出来，科技档案信息作为一种战略资源、经济资源、企业资源的意识逐渐深入人心。知识经济的增长方式使现代企业重新认识了档案信息资源，科技档案工作者已经深切感到现代企业的档案信息需求在规模、质量和角度等方面的变化，"大力开发信息资源""活化科技档案信息"已经成为科技、生产及其管理活动的直接要求，这些要求已经难以通过提供科技原件来满足。

2. 高效保护科技档案信息的历史要求

持久地保存有价值的科技档案是科技档案工作的重要历史责任。随着科技档案的迅速增长，其保管任务日益艰巨。我国历史证明，通过对原始科学技术信息的编纂，为后人保存珍贵、典型、系统的科技史料，是有效保存历史档案信息的成功之举。

值得注意的是，流传至今的珍贵古代科技文献，并不是前人保存下来的原始文献。由于在漫长的历史过程中，档案难以避免自然灾害与战乱的破坏，永久保存十分困难。但是，将其中最珍贵的文献编纂成册，不仅便于当时科技知识的传播，而且能够使它们长久地流传下去，这条宝贵的历史经验值得借鉴。在科学技术飞速发展的今天，档案载体和记录方式迅速更新，档案数量增长速度惊人，永久保存科技档案信息的难度更大，将科技档案原件全部、持久地保存下来几乎不大可能。

3. 现代科技档案工作发展的必然结果

科技档案是人类科技活动的衍生物，伴随社会主义现代化建设的蓬勃发展，形成、积累的科技档案与日俱增，持续地积累不断扩充着科技档案的数量，丰富着科技档案的信息资源。

首先，由于数量和种类的迅速增长，科技档案的管理变得日益复杂，必然要求加强科技档案实体分类、立卷的科学性，增加了科技档案管理的难度。另一方面要求提高科技档案鉴定的准确性，在保证馆藏质量的前提下，尽可能减少保管的数量。其次，逐渐提高的利用频率，加重了科技档案使用中的磨损，对科技档案实体的安全造成了一定的威胁，也加大了其他实体管理活动的工作量。再次，由于科技档案数量的迅速扩展，传统的提供原件利用方式产生了准确调卷的困难，而且科技档案数量和种类越丰富，相关信息的分布就越分散，系统查找就更加耗时费力，进一步激化了科技档案保存与利用的矛盾。

科技档案数量的发展及其对科技档案管理提出的挑战，促进了科技档案工作专业化的发展，科技档案工作者的业务能力随之得到锻炼和提高，科技档案机构因此更加规范、系统；此间，各单位逐渐为科技档案管理部门创造了一定的设备与工作条件，国家科技档案事业有了长足的发展。处于这种状况下的科技档案工作，一方面要研究如何适应形势需要，充分发挥自己的专业职能；另一方面要谋求自身的新发展，以便在信息行业的激烈竞争中保持一定的生存空间。

我国科技档案工作者的这一选择，完全符合国际信息工作发展的趋势。知识经济的发展将信息的利用能力提升为决定现代企业生死存亡、成败兴衰的关键因素，掌握信息流、运用数据分析技术成为企业决策的基本手段。在国内外竞争的巨大压力下，现代企业越来越重视对现有信息资源的收集和利用，通过挖掘自己的档案信息资源，对其进行分析、沟通，将发现许多过去认识不够或未被认识的数据关系和现象，帮助企业管理者做出更加科学的决策，不仅大大提高了现代企

业的信息利用能力，同时也提高了科技档案工作的地位。

二、医院档案信息管理

（一）信息与医院信息

1. 信息定义与管理信息特征

（1）信息的定义

信息是关于客观事实的可通讯的知识。

首先，信息是客观世界各种事物变化和特征的反映。客观世界中任何事物都在不停地运动和变化，呈现出不同的状态和特征。信息的范围极广，有自然信息、生物信息、管理信息，等等。

其次，信息是可以通讯的。由于人们通过感官直接获得周围的信息极为有限，因此，大量的信息需要通过传输工具获得。

再次，信息是知识。所谓知识，就是反映各种事物的信息进入人们大脑，对神经细胞产生作用后留下的痕迹，人们通过获得信息来认识事物、区别事物和改造世界。

（2）管理信息

管理信息是反映控制与管理情况的可传送的经过加工的数据，是管理工作的一项极为重要的资源。一方面信息流是物资流的表现和描述，另一方面又是掌握、指挥和控制生产等过程的软资源。信息流的巨大数量和极其复杂的高度组织，是生产社会化程度的重要标志和重要组成部分。

管理信息具有以下特征：

1）事实性。事实是信息的价值所在，不符合事实的信息不仅不能使人增加知识，而且有害。

2）时效性。信息的时效性是指从信息源发出，经过接收、加工、传递、利用所需的时间及其效率。时间间隔愈短，使用信息愈及时，时效性愈强。

3）不完全性。客观事实的知识是不可能全部得到的，数据收集或信息转换要有主观思路，否则只能是主次不分。只有正确地舍弃无用和次要的信息，才能正确地利用信息。

4）等级性。通常把信息分为三级，战略级、战术级和作业级。

5）价值性。信息是通过加工并对生产活动产生影响的数据，是劳动创造的，是一种资源，因而是有价值的。

2. 医院信息与作用

（1）医院信息总体和分类

医院信息总体：一是医院内部各部门、各环节所产生的信息，如文件、计划、数据、统计、报表、症状、体征、疗效、经验和教训等；二是外界环境所产生的信息，如上级指示、方针政策、科技动态和社会反映等。所有这些构成医院信息总体。

医院信息分类：一是医疗信息，主要是病人的临床诊疗信息，包括临床诊疗信息、医学影像检查信息，有关治疗信息、护理信息、营养配餐信息、药物监测信息、重症监护信息等；二是管理信息，包括医院的组织机构、编制、医疗业务、人事、行政、后勤、财务、教学、科研等信息及管理决策有关信息；三是医学咨询信息，包括医学情报，科技情报，各种文字、视听检索资料，病案，图书，期刊和文献资料等。

（2）医院信息的作用

医院信息是医院管理的基础。医院资源包含三个方面：一是人，各类人员组织的活动及人才建设、技术力量提高等，最终转换为医疗成果；二是物，各种药品、设备；三是信息，各种数据资料。要想合理组织人力物力，充分发挥作用，达到良好的医疗效果，就要借助信息的流通，才能使决策者耳聪目明，使其决策、计划、指令正确有效，医院管理井然有序。

医院信息是制定计划和决策的依据。计划和决策本身就是信息。要使计划和决策切合医院实际，行之有效，在实施中少走弯路，就必须掌握各方面的信息，如上级指示、方针政策、社会反映以及医院的各种资料、数据。

医院信息是提高医疗技术水平的资源技术。医院要发展，水平要提高，就必须要掌握大量的医学信息，包括国内外科技动态、先进技术、先进经验、失误教训、资料积累和工作检查回顾等。只有掌握各种医疗信息，加以归纳整理，才能提高每一个医务人员的理论知识和技术水平，才能提高医院的总体技术水平。

（二）医院信息系统与信息利用

1. 医院信息系统

医院信息系统（Hospital Information System，HIS）是计算机技术、通信技

术和管理科学在医院信息管理中的应用，是计算机对医院管理、临床医学、医院信息管理长期影响、渗透以及相互结合的产物。

医院信息系统基本实现了对医院各个部门的信息进行收集、传输、加工、保存和维护。其可以对大量的医院业务层的工作信息进行有效的处理，完成日常基本的医疗信息、经济信息和物资信息的统计和分析，并能够提供迅速变化的信息，为医院管理层提供及时的医院信息。

（1）医院信息分类

按照层次分，可以分为原始信息和派生信息。原始信息是业务活动中直接产生的信息，包括病人信息、费用信息、过程信息和物资信息等，原始信息内容丰富、容量大，是军卫一号工程数据库的基础，也是其他一切统计信息的数据源。但考虑到系统性能及容量，不可能做到所有的原始信息都长期联机保存。因此，军卫一号工程中还生成和保留了大量的派生信息。这些派生信息是面向管理应用，综合原始数据形成的。

按照信息的主题分类，可分为病人信息、费用信息和物资信息。病人信息围绕着电子病历而展开，费用信息和物资信息围绕着成本核算而展开。

（2）医院信息系统信息基本内容

病人信息覆盖了病案首页、医嘱、检查、检验、手术、护理、病程等内容，其中病案首页又包括病人主索引、入出转记录、诊断、手术、费用等，是医疗效率质量指标的主要信息源。

费用信息包含了门诊病人费用明细和住院病人费用明细。其中，住院病人费用明细记录了病人在院的每一天的每一项费用。费用项目包含了开单科室、执行科室，可用于收入统计分析和成本核算。

物资信息包括：药品、消耗性材料和设备信息。其中，药品包含了药库、各药局的库存、入出库数据，设备信息包含了全院所有在用设备的位置、状况和折旧等信息。物资信息主要用于医院内部科室级的成本核算。

（3）军卫一号医院信息系统特点

1）以病人信息为中心。医院的各项医疗和经济活动都是围绕着病人而展开的，病人信息不仅是医疗过程的原始记录和各医疗环节之间要交换的信息内容，也是医疗质量和效率管理指标的主要数据源。病人信息的主要表现形式是病历。军卫一号工程将病人信息看作首要的基础信息进行管理，以完整、忠实地记录病人信息为发展目标，提出了以电子病历为核心构建信息系统的思想。这是与以前的医院信息系统主要以经济管理或部门管理为中心所不同之处。一号工程所覆盖的病人信息包括了病案首页、医嘱、检查结果、检验结果、护理记录、病程记录等病历信息的主要内容。这些信息是在各个业务子系统完成自身业务的同时形成的，各类信息以病人为中心组织到一起，初步构成电子病历框架，贯穿于整个军卫一号医院信息系统中。

2）对病人在院流动的全程管理。一号工程在管理病人信息方面的另一个突出特点是完整地追踪病人在院期间的一切重要活动及状态变化。病人从入院开始、到转科、病情变化、确诊、下医嘱、手术、出院，这些变化是医院管理指标所涉及的重要数据，也是一号工程重点追踪的"事件"。一号工程软件对这些"事件"记录了什么时间、什么地点、发生了什么。

3）在信息发生地实时采集数据。医院信息系统首先是一个业务系统，它应当成为各岗位人员日常业务工作的工具。一号工程软件的功能是按照在哪里发生的信息就在哪里采集的思想进行布局划分的。

2. 医院信息系统的利用方法

对一号工程医院信息系统中信息的获得主要有三个途径：

（1）直接通过系统提供的软件功能模块。

（2）从数据库中随机检索。

（3）将数据导出到其他工具中。

通过软件提取，一号工程对常规使用的统计指标提供了统计和查询程序。这些中间结果长期保存在数据库中。除了各个业务子系统提供本业务有关的统计外，一号工程开发了集中的综合查询统计程序和收入统计程序，从中可以获得大部分的常用指标。

直接从数据库中检索一些随机的或者专题性的统计分析，依靠现成的程序是不能达到的，也不可能为每一个统计都开发相应的程序。这时需要从数据库中直接检索，检索的工具是 SQL 语句和 SQL*PLUS 软件。SQL 是功能极其强大的数据库操作语言。

将数据导出到其他工具中。一号工程软件提供了数据导出接口，可以将数

据库的数据按照指定的项目按 dbf 或 txt 标准格式导出。导出的数据可以通过 Foxpro，Excel 等软件工具进行进一步处理，或者直接为第三方统计软件所使用。对于熟悉这些工具的用户，可以使用本方法提取加工信息。方法是：使用一号工程的字典管理程序，指定数据库中的表名或通过 SQL 语句指定表组合和字段项目，将数据导出到指定的文件中。

3. 医院信息利用与再利用

我们不论是获取信息、加工信息，还是存储信息、传递信息，最终目的都是为了应用信息。信息来源于实践，经过加工整理后，最终还是要用于指导实践。信息指导实践的过程就是对信息的利用。

信息与应用的关系，实质就是拥有信息和应用信息的关系。毛泽东同志说："读书是学习，使用也是学习，而且是更重要的学习。"对于信息和应用来说也是如此。拥有信息是开发信息，应用也是开发信息，而且是更重要的开发信息。

拥有信息的目的是利用信息。不论是医院信息、病人信息，还是医院管理信息，主要是为了应用信息来创造新的效益。对于信息的加工处理都是以信息利用为前提的，是先有管理需求，需要利用信息，再去提取信息、处理信息的。

应用信息的过程又产生新的信息。应用信息的过程，本身就是新的信息产生的来源。信息反馈也是新信息的产生。医院管理中信息大部分是在信息应用过程中产生的。从医疗数量信息中，给医院管理者提供大量的日变化信息，通过对这些信息的利用，结合医院管理的目标控制或预测等，会产生更具有指导意义的管理信息。

信息是拥有—应用—再拥有—再应用不断循环的。信息是动态的，信息的作用也会随着信息利用由新的信息所代替。因此，信息利用就是新信息代替旧信息的过程。因此，只要有管理需求，就一定要有新的信息，信息应用的价值就在于此。

信息利用意义：

（1）信息只有通过利用才能体现价值；

（2）信息只有利用才能不断发展；

（3）信息只有通过利用才能发挥信息效能；

（4）信息只有通过利用才能做到资源共享。

对信息再利用的认识：

医院信息系统为医院管理提供广阔的应用空间和平台，对于医院信息系统采集的大量信息进行信息再利用也是医院管理的一个重要问题。从某种意义上讲，信息的再利用意义更大、难度也更高，它在医院管理中更能切合医院管理的需要，更具有针对性和实用性。

（1）信息再利用是医院管理和决策中的专题调查和分析，它具有很强的目的性和目标性，可以是宏观政策，也可以是微观具体的任务；

（2）信息再利用对信息的处理超出医院信息系统范畴，一方面可能提取更多组数据，另一方面运用更多的管理技术与方法，有时需要多种计算机软件共同完成；

（3）信息再利用根据医院特定的管理思想和模式进行决策、预测以及统计分析，一旦成熟，它将形成与医院管理信息配套的管理子系统。

基于医院信息系统上的信息利用和再利用，比实现医院信息系统运行难度更大，主要取决于医院管理者管理思路、医院管理人员的信息处理技术以及医院各业务部门的数据质量。因此，医院信息再利用的技术方法和手段，应该作为医院管理者进一步学习提高的重要内容，只有把医院信息处理技术作为得心应手的工具，才能真正利用信息为医院服务。

第三节　医院病历档案书写管理

一、病历书写

（一）门（急）诊病历书写格式及内容

1. 门诊病历本（俗称小病历）

门诊病历本即目前各医院门诊应用的由患者保管的门诊简要病历。

2. 门诊病历

门诊病历在患者需要住院时填写。

门诊病历要认真填写患者姓名、性别、年龄、职业、住址、邮政编码等。

每次就诊时，均需写明科别、年、月、日。记录内容要简明扼要、重点突出。

初诊病历具体内容包括主要病史、体征、实验室检查及诊断仪器检查结果、初步诊断及诊疗意见。需要复诊者，要注明复诊时间以及需提请复诊医师和患者的注意事项。

复诊病历可重点记录病情、体征变化及治疗效果，实验室及诊断仪器检查的结果，初步诊断及继续诊疗意见。

对一时难以确诊的患者，可写某症待诊如"发热待诊""腹痛待查"等。

接诊医师应签全名。

门诊病历内容格式：

病历的一般项目，主要包括姓名、性别、年龄、住址、科别、初诊日期等。

主要病史：简要记录主诉、现病史、既往史、个人史、婚姻史、月经及生育史、家族史。

体格检查：简要记录阳性体征及有鉴别诊断意义的阴性体征。

实验室及诊断仪器检查结果

初步诊断

诊疗意见：1.

　　　　　2.

　　　　　3.

医师签名

3. 急诊病历

一般急诊患者用门诊病历本书写，急诊抢救及住观察室的患者写急诊病历，统一编号入档，保存期 30 年。

要求：

认真填写姓名、性别、年龄、职业、工作单位或住址。

就诊时间：年、月、日、时、分。意识障碍患者要注明病情叙述者与患者的关系。

主要病史：主诉、现病史、既往史、个人史、婚姻史、月经及生育史、家族史。

体格检查：体温、脉搏、呼吸、血压、意识状态、瞳孔大小、形态及对光反应等。

主要阳性体征及有鉴别意义的阴性体征。

初步诊断：

诊疗意见：1. 抢救措施，要注明采取具体措施及时间。

　　　　　2. 必要时应向家属说明病情及预后的病危通知。

3. 必要的其他检查及结果（如心电图）。

4. 抢救过程中病情变化及有关会诊情况。

5. 最后处理，住院、转科。

6. 若经抢救无效患者死亡，应写明抢救经过、死亡时间及死亡原因、死亡诊断。

医师签名

（二）完整住院病历格式及内容

1. 一般项目

科别、病房、床号、门诊号、住院号、医疗保险号，×科第×次入院记录、过敏史、姓名、性别、年龄、籍贯、职业、婚配、民族、入院日期、现在住址、邮编、病史采取日期，联系人姓名、与患者的关系。病史叙述者、联系人住址、电话、可靠程度。

2. 问诊

（1）主诉

主诉是促使患者就诊的主要症状及持续时间。要求重点突出，要有高度概括性，文字要简明扼要，一般不超过 20 个字，不能用诊断或检查结果来代替主诉。起病短者，应以小时记述；主诉多于一项者，应按发生的先后次序分别列出，如：上腹痛 10 年，便血 1 年，呕吐 4 小时。

（2）现病史

现病史是从发病到就诊前的详细过程，应和主诉结合在一起，共同反映疾病的发生、发展、变化的详细情况，其内容应根据对主诉的初步分析、推理，沿着不同的线索进行询问，要求内容具体、精确，对具有鉴别诊断意义的阴性症状亦应列入。症状出现的时间，如系急性病，常以住院日期前推算，如住院前第×日（或×小时）。如症状已若干年月，记述应从发病时开始，对其发生发展的过程要按时间先后顺序，由远及近，一直叙述到就诊前。

（3）既往史

既往史是系统回顾，这一点对初做临床的医生很有必要，应自幼年详细询问，为了防止遗漏，要引导患者进行回忆，内容应包括下列各项：

既往健康状况：健康还是虚弱？患过哪些主要疾病？

急性传染病、地方病、职业病史：按年代顺序记述当时的主要症状，可能的诊断，持续的时间，治疗情况，有无并发病或后遗症，接受过何种预防注射、接种次数、日期及最后一次接种的时间。

手术、外伤、中毒及输血史等：对做过手术者应写明术后的病名，手术名称、日期及预后情况。

过敏史：有过敏史者应写明致敏原（含药物）、发生时间、反应类型及程度。

（4）个人史

个人史应包括下列各项内容：

出生地及经历地区（特别应注意自然疫源地及地方病流行区，说明迁徙年月）。

生活及饮食习惯，烟酒嗜好程度，具体用量等。

过去及目前职业及其工作情况（包括入伍或参加工作时间，兵种、工种或职务），有无与粉尘、毒物、放射性物质、传染性患者接触史等。

（5）婚姻史

结婚年月（或年龄），配偶健康情况，夫妻感情，如已离婚或丧偶应说明原因及时间。

（6）家族史

父母、兄弟姐妹及子女的健康情况，病故者应说明年龄及其原因。如家族中有肿瘤、高血压、糖尿病、精神障碍及抽搐发作等病时，也应进行详细询问。

二、处方档案管理

（一）处方书写的重要性

处方是医疗和药剂制备上的一项重要书面文件，是医师为患者治疗的文字凭据，也是药师调配发药的依据。医师在明确诊断或初步诊断后书写处方。书写处方时应思想集中、态度严谨，依据病情审慎地筛选药物，决定剂量和用法。处方正确与否直接关系到患者的治疗效果和生命安危，它具有法律上、技术上和经济上的意义。书写处方或调配处方中发生差错或造成医疗事故，医师或药剂人员负有法律上的责任。医师除掌握丰富的临床知识外，还必须掌握药物的药理作用、适应证、毒副作用、剂量、用法及有关药物动力学、药效学数据及药物相互作用等，以确保用药的安全有效。尤其是麻醉药品、医用毒性药品及贵重药品，是报销及预算采购的依据。

（二）处方的类型

处方按其性质可分为医师处方、协定处方及制剂处方等三种类型。

1. 医师处方

医师处方是医师为某一患者治病用药时的书面文件，其中包括麻醉药品处方、精神药物处方及一般药物处方。

2. 协定处方

协定处方是医疗单位内部根据经常性医疗需要协商制定的一些处方，经药事管理委员会审查和院领导批准，并报当地卫生行政部门备案，可作为医院常规处方，以便节省调配时间，提高工作效率。

3. 制剂处方

制剂处方主要指药典、部颁标准及地方标准收载的法定制剂处方及各种地区性制剂手册中所载的处方。前者具有法定性质，在书写或配制处方时均须照此规定。制剂处方都应根据医疗需要并通过实践总结提高，经当地卫生行政部门批准注册。

此外尚有单方、验方和秘方。单方一般指比较简单的验方；验方是民间经验处方，简单有效；秘方一般指过去秘而不传的验方或单方。这些单方、验方和秘方中有不少是人们在长期与疾病斗争中所积累的经验，具有特殊疗效，应注意发掘、验证、整理与提高。

三、护理档案管理

（一）体温单

（1）用蓝墨水笔填写眉栏中的姓名、入院日期、科别、病室、床号、住院号、住院日期和住院天数。住院日期首页第一天及跨年度第一天需写年、月、日，每页体温单的第一天及跨月份第一天需写月、日，其余只填日。

用红墨水笔填写手术（分娩）后天数，以手术（分娩）次日为手术后第一天，依次填写直至 14 天为止。第二次手术在日期栏内写Ⅱ，手术后日数填写同上。若术后日期已填好，而在 14 天内又行二次手术，则在原日数的后面加一斜线，再写上Ⅱ，二次手术的术后日数以同法表示。例如：

术后日数：（用红色笔）3 4 5/Ⅱ 6/1 7/2 8/3 9/4 10/5；在 40 ～ 42℃之间的

相应时间栏内，用红墨水笔纵行填写入院或死亡时间及手术、分娩、转科、出院等。转科由转出科室填写，并注明转往何科。转科或搬床后，须在科别、床号等栏后面填写新的科别和床号，并用括号表示。

（2）体温、脉搏的绘制：

体温曲线的绘制：用蓝笔将所测体温绘于体温单上。口温用"·"表示，腋温用"×"表示，肛温用"O"表示，两次体温之间用蓝直线相连。物理降温半小时后，所测的体温画在物理降温前的同一纵格内，以红"O"表示，并用红虚线相连，下一次体温应与降温前体温相连。体温不升，低于35℃者，在35℃处画温度标记。测温时病人不在者，事后要补测，并画在相应时间内。若赴外地检查数日未测者，留空格不予连线。

脉搏曲线的绘制：脉搏用红"·"表示，两次脉搏之间用红直线相连。如遇脉搏与体温重叠。则先画体温，再将脉搏用红圈画于其外。有脉搏短细的病人，其心率用红"O"表示，两次心率之间亦用红直线相连，在心率与脉搏曲线之间用红斜线填满。

（3）在34℃以下栏内用红墨水笔记录大便次数、入液量、尿量、呕吐量、引流量、痰量、体重、血压、药物过敏等内容。

项目栏：若已注明计量单位名称，只需填数字，不必写明单位。

大便次数：均于下午测温时询问，故应记入当天的大便栏内。

导尿：以"C"表示；如保留导尿，则需记尿量，用分数表示，"C"做分母，尿量做分子。

血压：新入院病人的首次血压常规记录在体温单相应栏内。住院期间按医嘱每日测量1～2次，应及时记录。

体重：新入院、手术前及住院期间每周均需测量体重，记录于当天相应格内；危重病人或不能下地活动者，应以"平车"表示。

药物过敏栏：填写皮试阳性或过敏反应的药物名称，并于每次更换体温单时转录过来。

（二）医嘱单

（1）医嘱按时间顺序抄写在医嘱单上，每行医嘱顶格书写，第一个字应对齐；一行未写完的内容，书写第二行时应后移一格；如第二行仍未写完，第三行应与第二行第一个字对齐。

（2）长期医嘱应抄写在长期医嘱栏内，写明日期和具体时间；停止医嘱，则在原医嘱的停止栏内写上日期和具体时间。

（3）长期备用医嘱（PRN）写在长期医嘱栏内，执行前需查看上一次医嘱执行时间；每执行一次后，均应在临时医嘱栏内做记录，并注明执行时间。

（4）临时医嘱抄写在临时医嘱栏内，写上执行时间。

（5）临时备用医嘱（SOS）执行后，抄在临时医嘱栏内，未用者不予抄写。

（6）药物过敏试验后，应将结果填写在临时医嘱栏内。阳性反应者应用红墨水笔注明"+"，以示重视，记入体温单，并在床头卡、门诊病历卡上做醒目标志。执行者在医嘱本相应栏内签名。

（7）医嘱已抄写后又作废，用蓝、黑墨水笔在执行时间栏内写"作废"。

（8）凡转科、手术、分娩或整理医嘱时，在最后一项医嘱的下面画一红横线，表示停止执行以上医嘱；如系重整医嘱，则在红横线下用红墨水笔在长期医嘱栏内写上"整理医嘱"及日期。整理医嘱时，必须整理和准确抄录有效的长期医嘱，并写原开医嘱的日期和具体时间。将护理级别、饮食、病危、陪护等医嘱整理在前面，治疗医嘱按原来的日期排列顺序抄录。如有空格，用红墨水笔从左下至右上顶格画一斜线。

（9）病人转科、出院或死亡，应在临时医嘱栏内注明转科、出院及死亡通知时间，停止有关执行单上所有医嘱。

（10）认真执行查对制度，医嘱处理完毕，需每班核对，每周总核对一次，并由核对者签名和登记。

（11）医嘱较多、一张医嘱单不够记录时，可续一页，未用完部分仍按原格式依次抄录。

（三）临床护理记录单

临床护理记录单常用于危重、抢救、大手术后，以及特殊治疗需严密观察病情、掌握全面情况和需要记录出入量的病人。

1. 记录内容及要求

根据医嘱及病情需要，一般记录体温、脉搏、呼吸、血压、症状、病情变化、出入量、卧位、所用药物、治疗、疗效及其反应、主要抢救措施及特殊护理等。

记录必须及时、准确、真实、完善。内容简明扼要，医学术语应用确切。字迹清楚端正，不得涂改。眉栏及页数必须填写完整。

2. 记录方法

（1）用蓝、黑墨水笔填写眉栏各项：姓名、病室、床号、诊断、住院号等。晨 7 时至晚 6 时用蓝、黑墨水笔记录，晚 6 时至次晨 7 时用红墨水笔记录。

（2）白班护士于下午 6 时做出入量小计（画一蓝横线，小结日间出入量），夜班护士于晨 7 时总结 24 小时出入量（画一红横线，总结后，再画一红横线），并用红笔填入体温单相应格内。

（3）每班护士应于交班前在"病情变化"栏内签名，以示负责。

（4）病人出院后应将临床护理记录单归病案内。

（5）出入液量记录：某些特殊病人须记录 24 小时摄入和排出液量，这对了解病情、协助诊断、决定治疗起很重要的作用。

每日摄入量：包括每日饭水量、食物中的含水量，输入液量、输血量等。为准确记录口服入液量，可用量杯或已测过容量的容器。

每日排出量：包括粪便量和尿量。对尿失禁的病人应设法保留尿液，以求尿量准确；自行排尿者，应记录每次尿量或将每次尿量集中在一个容器内，定时测量记录。对其他排出液，如胃肠减压抽出液、呕吐物、涌出物、穿刺液（如脑、腹腔穿刺抽出液）、引流液（如胆汁引流）等，也应作为排出量加以测量和记录。

床头应挂上记出入量的标志，便于工作人员了解和及时记录。

第四节 医院人事档案管理

一、人事档案和人事档案工作

（一）人事档案

1. 人事档案的定义及其基本含义

人事档案是国家机构、社会组织在人事管理活动中形成的，记述和反映个人经历、德才能绩、工作表现的，以个人为单位集中保存起来以备查考的文字、表格及其他各种形式的历史记录。

人事档案是历史地、全面地考察了解和正确选拔使用职工的重要依据，是国家档案的重要组成部分。我国的干部（公务员）、职员、工人、学生（从中学开始）、军人都建立了人事档案，其主体是干部和工人档案。

人事档案主要来源于一定单位的人事管理活动。"所谓人事，并不是指人和事，而是指用人以治事，主要是指人的方面，以及同人有关的事的方面"。人事档案就是国家在用人治事，以及处理与人有关的事情所形成的文件材料。如为了了解员工的基本情况，布置填写履历表、登记表、自传；对员工进行鉴定、考核和民主评议，形成鉴定书和考核材料；在用人过程中，形成录用、定级、调资、任免、升迁、奖惩等方面的各种文字、表格材料。

人事档案是反映个人经历、思想品德、业务实绩、个性特点、专长爱好等情况的原始记录，真实反映一个人的客观面貌。人事档案中的自传、履历表、登记表，是个人经历、思想演变、家庭与社会关系的反映；历年的鉴定，记载着个人不同时期表现和组织的评价；入党、入团、提职、晋级等材料，是个人在党和组织的教育培养下成长的佐证；政治与工作情况的考核、考察、奖惩与科研成果的登记等方面的材料，是个人政治表现、工作能力、成绩贡献、技术专长的展现。

人事档案是处理完毕的具有使用价值和保存价值的文件材料。人事管理活动中形成的文件材料，凡是决定归入人事档案的，必须是完成了审批程序，内容真实、完整齐全、手续完备、有查考价值的材料，以保持人事档案的优化状态。

人事档案是以个人姓名为特征组成的专卷或专册。它的内容和成分只能是同一个人的有关材料，才方便查找利用。假如一个人的材料被分散，就无法正确反映该人的全貌，影响对其全面评价。

2. 人事档案的特点

（1）现实性

人事档案是由组织、人事、劳动部门以现职人员和离退休人员为单位建立的，由专门反映员工个人情况的文件材料所组成。它涉及的当事人，绝大多数还在不同岗位上工作，生产或学习。组织、人事、劳动部门为了考察和正确使用员工，要经常查阅人事档案，了解其经历、德才和工作业绩，以便安置在最适合的岗位上，充分发挥其聪明才智。现实生活中，用人就要先看档案，已成为必要的工作程序。作为依据性的人事档案，有时会对一个人是否使用，如何使用起着决定性的作用。但是，人事档案是"昨天"的历史记录，而它反映的对象——人，又是每天都在发生变化，谱写自己的历史篇章。

（2）真实性

人事档案的真实性，与一般意义上所说的档案的真实性还有一定区别。档案的真实性有两方面的含义：一方面，档案从总体上说，是由社会实践活动中形成的文件材料转化来的，是历史的沉淀物，客观地记录了以往的历史情况，无论是内容还是形式都表现出原始性，是令人信服的证据。另一方面，从具体的每份档案材料来说，由于人们认识水平的局限性和政治斗争的复杂性等原因，有一部分档案所记载的内容并不真实，甚至是恶意歪曲与诬陷。但档案毕竟是历史上形成的，即使是内容不真实，但仍表达了形成者的意图，留下了当事人的行为痕迹，反映了当时的情况，仍不失其为历史记录而被保存下来。所以，档案的真实性是相对的。人事档案的真实性，有着特定的含义。从个体来说，每一份档案材料从来源、内容、形式等方面都必须完全可靠和真实。凡是来源不明、内容不实、是非不清的文件材料不能转化为人事档案，即便已经归档也要剔除。

（3）动态性

历史在发展，社会向前进，每个员工的情况也在不断发生变化。人事档案从建立之日起就是动态的而不是静止的。一方面，由于人事档案涉及的当事人，每时每刻都在谱写自己的历史，各方面都在发生变化，因而决定了人事档案必须根据当事人情况的变化而不断增加新的内容，补充新材料，以适应人事管理的需要。比如，学历的变化，能力的提高，职务和职称的晋升，工作的新成就，工作岗位的变化，以及奖励、处分都应及时记载并收集有关材料归档，直至逝世。这才意味着收集补充材料工作的终止。另一方面，人事档案随着人员的流动而不断转递。人到哪里，档案就转到哪里，"档随人走""人档统一"，是管理人事档案的一条原则，也是人事档案发挥作用的必要条件之一。转递不及时，会出现人、档分家，发生"有档无人"或"有人无档"的现象，影响单位对工作人员的了解、培养和使用。人事档案也因对象的下落不明而成为"无头档案"的死材料。

（4）机密性

人事档案在相当长的时间内是保密的，不宜对外开放。1990年中央组织部颁布的《干部档案工作条例》（以下简称《条例》）指出："在干部档案管理工作中，必须贯彻执行党和国家有关档案、保密法规和制度，严密保管，确保干部档案的完整与安全。"《条例》对人事档案也是完全适用的。人事档案是组织上在考察和使用员工活动中形成的，记载了员工的自然情况，学习、工作、科研成就、考核与奖惩等。它既涉及有关工作的重大事项，又有公民的隐私。由于人事档案涉及国家机密和个人私生活的秘密，在较长时间内必须保密，应建立严格的管理、利用制度，确保国家机密的安全，切实维护个人隐私权不受侵犯。

3. 人事档案的一般作用

人事档案是考察、了解员工的重要手段。一个员工的工作与生产实践活动、思想言行、政治、业务水平，以及个人素质都被记载下来，跃然纸上。人事档案有助于组织上根据每个人的特点，提出培训、录用、升迁等建议，达到"因材施教""量才录用"，调动人才群体的积极性。

人事档案是做好组织、人事工作不可缺少的依据。组织、人事工作的根本任务，是知人用人，应做到知人善任，选贤举能。知人是善任的基础，要想知人，就要全方位地了解人。既要了解其德，又要了解其才；既要了解其长，也要了解其短；既要了解其过去，更要了解其现在。

人事档案是澄清个人问题的凭证。人事档案是个人历史与现实的原始记录，它可以为落实人事政策，平反冤假错案，调整工资级别，改善生活待遇，确定或更改参加工作、入党、入团时间及解决个人历史上的遗留问题等，提供可靠的线索或凭证，是查考、了解和处理问题的依据。

人事档案为人才开发提供信息和数据。组织、人事部门通过使用人事档案，从中探索人才成长规律，提高人事管理科学化水平，开发人才资源，适应社会对人才的广泛需求。

人事档案是编写人物传记和专业史的宝贵史料。人事档案内容丰富、数量巨大，有较高的史料价值。它是研究党和国家人事工作，研究党史、军史、地方史、思想史、专业史，撰写名人传记的珍贵资料。人事档案是组织、人事部门形成的，其中许多材料是当事人的自述，情节具体，事情真实，时间准确，内容翔实，是印证历史的可靠材料。

（二）人事档案工作

1. 人事档案工作的基本任务和人事档案管理部门的职责

人事档案工作是用科学的原则和方法管理人事档案，为组织、人事及其他工

作提供人事档案信息服务的一项工作。人事档案工作是组织、人事工作的重要组成部分，也是国家档案工作的组成部分。它是为贯彻执行人事工作路线、方针和政策，选贤举能，知人善任，为社会主义现代化建设服务的。

人事档案工作的基本任务是：根据改革开放形势下组织、人事工作的需要，加强人事档案材料的收集归档工作，完善管理体制，搞好队伍建设，做好基础工作，进一步改善保管条件，努力提高科学管理水平，有效地为组织、人事工作服务，为社会主义现代化建设服务。

2. 人事档案工作的管理体制

人事档案工作实行集中统一和分级负责的管理体制。人事档案是人事管理活动的历史记录，是开展人事工作的必要条件，管理人事档案是人事工作自身的需要，是组织、人事、劳动部门的职责，人事档案应由各级组织、人事、劳动部门集中统一管理。我国现行的人事档案的管理体制是：工人档案由所在单位的劳动（劳资）部门管理，学生档案由所在学校的教务或学生工作部门管理，军人档案由各级政治（干部）部门管理，干部档案则按干部管理权限集中统一管理。各级组织、人事部门有明确的管理权限，分管哪一级干部，就管哪一级干部的人事档案，做到"人档统一"。这一原则，在地（市）以上是完全适用的，但在县以下的单位（包括县委、县府直属单位），管的干部少，大多只有几十人，有的甚至只有几个人。单位小，档案少，无专人管理，不具备保管条件，严重影响了干部档案的安全保密和业务建设。

我国人事档案工作，目前仍实行分块管理，干部档案工作的领导与指导，由各级党委的组织部负责；企业职工档案工作由所在企业的劳动职能机构负责，接受劳动主管部门的领导与指导；学生档案工作由所在学校的有关部门负责，由教育主管部门领导与指导；军人档案工作由各级政治（干部）部门负责领导与管理。除军人档案工作外，上述 3 项档案工作均已纳入全国档案工作管理体系，由各级档案行政部门按《中华人民共和国档案法》等有关规定，进行宏观管理和协调工作。

二、医院人力资源管理的沿革

（一）传统的医院人事管理

新中国成立后到改革开放前的 30 多年里，我国卫生事业的性质一直是福利性质，即由国家按经济计划安排居民卫生保健和卫生事业经费，按指令性计划分派卫生资源，医疗机构绝大多数由国家和集体兴办，实行社会主义公有制。

在传统的计划经济体制下，医院管理体制行政化，在人事制度上医院具有行政单位相应的行政级别，而行政级别又决定事业单位人员的地位和待遇；实行以身份管理为主要特征的单一化的干部人事制度；事业单位无权确定编制和选择人员类型，不能按"公开、平等、竞争、择优"的原则自主录用和辞退人员。

我国的医院组织机构是以政府主办的医院为主，与集体主办的医院相结合；以公有制医院为主体，个体和民营医院为补充。以下论述主要围绕占主导地位的政府主办的医院进行。

医院的人事制度是与我国经济、政治体制和卫生体制、干部体制相联系、相适应的。在高度集中的计划经济体制和干部管理体制下，医院逐步建立起一套用管理党政机关干部的模式来管理医院工作人员的人事管理制度。这种人事管理制度对促进我国卫生事业的发展曾起到过积极作用。但随着改革的不断深入，其弊端也日益显现出来，主要表现在：第一，缺乏科学的分类。所有医院的管理人员和专业技术人员，都使用"国家干部"的称谓，不便于对工作性质、能力要求、个人素质各不相同的人员进行分类管理。第二，缺乏用人、择业自主权。医院没有用人自主权和激励员工的分配权，员工没有选择职业和岗位的自主权，常常是一次分配定终身，不利于人员积极性的发挥和优秀人才的成长。第三，管理办法单一。基本上采用管理党政干部的单一模式来管理全体人员。医院统一按行政级别划分，抹杀了事业单位和行政单位的区别，造成事业单位行政化、机关化，形成官本位体制，阻碍了医院按照社会需求和经济规律进行自我发展，引起医院在机构、规模、人员、编制等方面的攀比现象，致使医院机构臃肿，人浮于事，效率低下，给国家财政带来沉重的负担。第四，管理制度不健全，人员能进难出，能上难下，职务、身份和待遇终身制的现象普遍存在。这些问题使医院失去应有的生机和活力，影响了员工积极性、主动性和创造性的发挥。

在医院人事管理职能上，体现为协调职能和上传下达的直线职能，主要是采用严格的制度、命令式和简单式的监督。人事管理也主要是人事档案管理，如记录员工的进出、岗位的变动、职务的升降、工资的增长等，或者是一种"反映性管理"，如某人有困难，通过反映得到解决等。总的来说，传统的医院人事管理忽视员工的主观能动性和自我实现的需求，是一种被动的、缺乏创造性的管理模

式，基本上是一种操作性很强的具体事务管理。

（二）医院人事管理的改革过程

随着我国整体性人事制度改革的逐步开展，事业单位在领导体制改革、管理体制改革、任用制度改革、专业技术聘任制度改革、工资分配制度改革等方面都取得了一定的进展，积累了一定的经验：①改革事业单位的领导体制，逐步推行行政首长负责制。凡实行院（所、站）长负责制的单位，院（所、站）长都处于中心地位，有生产经营权、机构设置权、用人自主权、分配决定权，这样有利于调动院（所、站）长的积极性，有利于统一管理、统一指挥，也有利于提高决策速度和工作效率。②改革经营管理制度，实行以承包为主的多种经营管理制度。③按照竞争择优原则，实行多种形式的用人制度。在行政领导人员的任用方式上，采取委任、聘任、公开招聘、竞争上岗等多种任用方式。引入竞争机制，增强了民主程度和群众参与程度，并由主管部门与被聘任者签订目标责任期合同，实行目标管理责任制。在院长以下人员的任用方式上，也采取了多种形式的聘任制度；对副院长的聘任和对中层干部的聘任，大部分由医院自主决定，由院长依据一定程序，择优进行聘任；对于专业技术人员，医院普遍实行了专业技术职务聘任制；工勤人员则实行了工人技术等级考核制度。有的医院在内部用人制度上实行了聘用合同制，院长与中层管理人员、中层管理人员与一般人员层层签订聘任合同。

（三）现阶段医院人力资源管理的实践

人力资源管理改革的核心是引入竞争机制，改革的目的是建立与市场经济体制相适应的、符合卫生工作特点的人力资源管理体制和运行机制。

目前我国卫生人事制度改革已经取得了一些新进展，主要体现在：①实行医院人员聘用制度。人员聘用制度是目前事业单位人事制度改革的基本内容，按照科学合理、精简效能的原则设置岗位，按岗择人，以公开招聘、考试或者考核的方法进行聘任，并根据国家有关规定确定岗位的工资待遇；卫生管理人员实行职员聘用制，可以采取直接聘任、招标聘任、推选聘任、选任、考任、委任等多种任用形式，实行任期制和任前公示制；卫生专业技术人员实行专业技术职务聘用制，深化职称改革，实行从业准入制度，评聘分开，淡化评审，强化聘任，医院自主决定高、中、初级专业技术职务岗位的设置；工勤人员实行聘用合同制，根据职业工种、技能等级、实际能力等条件，竞争上岗、择优聘用。②分配制度改革。分配制度改革主要有如下要点：技术作为重要的生产要素参与分配；按照岗位聘任职务发放工资；实行绩效工资制度；拉开奖金档次，奖金按系数分配，根据职工的技术职称、风险责任、完成工作的数量和质量、医德医风等因素确定系数。③实施人事代理制度。人事代理制度是一种新型的人力资源管理方式，医院与人才中介机构签订人员代理协议书，将医院在职职工的人事档案全部转入人才中介机构管理，实现了医院职工从"单位人"向"社会人"的转变，为实行全员聘用合同制奠定了基础。

第五节　医院装备档案管理

一、医学装备质量档案管理

（一）质量管理的目的和意义

1. 医学装备质量管理的目的

医学装备是医院开展医疗技术工作的重要物质基础，是医院现代化的重要标志。医学装备的量值准确与否，直接关系到诊断结果和治疗效果。因此，开展医学装备质量管理的根本目的是使医院诊断、治疗工作的质量得到保证。

2. 医学装备质量管理的意义

医学装备质量管理是医院质量管理的一项重要内容。医院质量管理主要是指医院在医疗服务质量保证方面的指挥、控制、协调等活动。通常包括制定医院质量方针和质量目标以及质量策划、质量控制、质量保证和质量改进。随着现代科学技术的发展，医学装备已成为临床医学、预防医学和基础医学领域所必需的十分重要的工具。

3. 医学装备质量管理的必要

（1）医学模式转变的需要

随着市场经济的发展和人们物质生活的改善和老龄化及健康观念的变化，医学模式已由单一的卫生服务体系向生物—心理—社会医学模式转换，人们对以促进身体健康水平为主要目的的医疗保健装备的需求会更加强烈，因此，医学装备质量管理已经成为医院质量管理的重要内容之一。

（2）医疗服务市场的需要

加入世贸组织后，我国将进一步开放医疗服务市场和健康相关产品的市场准入，以公立医院为主体、私营与个体医疗机构、中外合资合作医疗机构等多种所有制与经营方式并存局面的出现，加剧了医院间服务的竞争。国家鼓励不同类型医疗机构的发展，鼓励社会投资发展医疗卫生事业，医学装备的质量和层次必将成为医院提高竞争力的重要手段。

（3）医疗保险社会化的需要

国家基本医疗保险制度，将符合一定条件的医疗技术劳务项目和采用医疗仪器、设备、医用材料进行的诊断治疗项目，列入基本医疗保险诊疗项目；人们对医学装备的质量和层次将更加关注。

（4）医学装备技术发展的需要

医学装备技术为临床经验诊断治疗向定量规范诊断治疗提供了科学的手段，医学装备已广泛采用现代科学技术。由于数字化、智能化、影像化、多功能以及综合参数检测技术的发展，传统的质量管理模式已经不适应现代医学装备技术发展的需要，从而增加了对医学装备质量管理的难度。

（5）医学科学技术进步的需要

医学装备是医学科学技术发展的重要支持条件，是开展医学工作的物质基础。医学装备不仅带动了新的医学学科的形成，而且从整体上推动了医学的进步，随着现代医学的发展，医学装备的位置将愈加突出，对医院医疗技术的发展同样起着极为重要的作用。

（6）计量技术监督的需要

随着国家对《中华人民共和国计量法》的深入宣传和贯彻执行，各级计量监督部门加大了对医学装备强制检定的力度，人们的计量法制意识普遍增强，由医学装备质量引起的医疗纠纷也引起了人们对法制计量工作的重视，计量信得过单位已成为人们关注的目标。

（二）质量管理的方法与手段

随着医学工程及技术的发展，医学装备已经成为临床诊断和治疗疾病的必要工具。现代医学技术不仅依赖于医务人员的医学知识和实践经验，而且在很大程度上取决于先进的医学仪器设备和技术，因此，现代化的医学装备是医院现代化的重要标志。医学装备的质量管理贯穿于从设备计划申请到购置、使用、淘汰、报废等寿命周期的全过程。医学装备质量管理的主要手段包括以下内容：

1. 实施技术评估，合理配置医学装备

卫生技术评估是对卫生系统特定的知识体系，对药物、装备、诊疗程序、行政管理和后勤支持系统的功效、安全性、成本、效益和社会影响（伦理、道德）等进行系统的研究，并做出适宜选择的方法。卫生技术评估于 20 世纪 70 年代首先由美国提出，目前很多国家都相继制定了卫生技术评估规划并成立了相应机构。

2. 招标采购

为保证医学装备质量，医院在采购前，必须按有关规定，特别是对列入特定产品目录的医学仪器设备进行招标。招标是国际上通用的一种采购手段，是保证采购设备质量并节省购置费用的有效途径。

3. 商检

医院对进口的仪器设备、药品等在到货后，必须按规定及时报请国家商检部门进行商检，发现质量问题，应凭商检证书及时向国外索赔。

4. 计量保证

计量是医学装备的技术基础。医院要认真贯彻执行国家计量法，提高全员法制计量意识。全面采用国际单位制，保证计量单位的统一和仪器设备量值的准确可靠。建立医学装备技术经济效益评价和设备配置、档案和人员管理制度。医院要把强制检定、设备测试作为一项经常性工作落到实处。计量是医学装备的技术基础和手段，设备商检、安装、调试、验收都需要通过计量检测验收才能保证设备质量；设备在使用期间要依据国家计量有关规定，定期进行计量检定；修理后只有经计量再测试、校准合格后方能投入使用。计量是医学装备技术保证的核心。

5. 建立有效的测量控制体系

测量控制体系是 ISO10012 的最新版本。医院建立测量控制体系，可以通过控制测量设备和测量过程，把影响医疗质量的不准确测量所造成医疗事故的风险降到最低程度。测量控制体系是医学装备质量管理的重要保证。

（三）质量管理的主要法律依据

医学装备质量管理主要是根据国家和部门的有关法律、法规和技术规定，其主要法律依据是：

1. 国务院关于在我国统一实行法定计量单位的命令

国务院关于在我国统一实行法定计量单位的命令于 1984 年公布，命令明确规定了我国的法定计量单位为国际单位制。

2. 《中华人民共和国计量法》

《中华人民共和国计量法》是一部加强计量监督管理的法律文件。计量法的宗旨是为了保证计量单位制的统一和量值的准确可靠，有利于生产、贸易和科学技术的发展，适应社会主义现代化建设的需要，维护国家和人民的利益。

医学计量是国家计量领域的一个重要组成部分，由于关系到人民的身体健康和生命安全，医学装备必须实施定期计量检定。

3. 《中华人民共和国标准化法》

《中华人民共和国标准化法》是一部加强标准化管理的文件。目的是发展社会主义商品经济，促进技术进步，改进产品质量，提高社会经济效益，维护国家和人民的利益，使标准化工作适应社会主义建设和发展对外经济，它规定了产品统一的技术标准。

4. 《中华人民共和国进出口商品检验法》

《中华人民共和国进出口商品检验法》是国家关于进出口商品实施商品检验的有关法律。医院对医学设备的进口必须依法进行商品检验。

5. 《中华人民共和国产品质量法》

《中华人民共和国产品质量法》是一部加强对产品质量监督管理的国家法规。医学装备的质量必须符合质量法的质量要求。

6. 《大型医用设备配置与应用管理暂行办法》

《大型医用设备配置与应用管理暂行办法》的主要目的是促进医疗卫生事业发展，保证人民健康，合理配置和有效利用大型医用设备，发挥卫生资源综合效益。其核心内容是对列入卫健委管理品目的大型医用设备，通过配置许可证宏观调控大型医用设备的布局，通过应用许可证保证医用设备的质量，通过上岗合格证是在保证人员质量的前提下充分发挥设备的最大效用。

（四）医学计量是医学装备质量管理的技术基础

医学装备的质量管理贯穿于设备运行寿命周期的全过程，渗透于医学装备管理的各个方面。

在医疗卫生领域，计量测试的作用越来越突出。人体各种生命体征参数的获得是通过医学计量技术而实现的，现代医学对疾病的预防、诊断和治疗都离不开计量测试。对体温、血压、心电、脑电、CT、MRI 的检查，对放射剂量以及各种化验，均属计量测试范围。计量技术是保证医学装备量值准确可靠的技术基础。如果医学量值失准就会导致试验结果出现错误，从而直接影响到诊断、治疗结果的准确性与有效性，计量参数超过阈值还可能会危及人的健康和生命。随着现代科学技术的发展，医学装备采用高新技术，测试水平不断提高，计量保证能力已成为医学科学技术发展的先决条件。

1. 医学计量是科学诊断的保证

现代医学的特点是应用各类医学装备，即医学计量测试仪器对人体组织进行检测。通过对病理、药理的定量测试分析，以数据为依据，进行诊断与治疗。医生从简单地运用米尺、体重秤测量人体高度、体重，使用血压计、体温计测量人体血压、体温，到复杂的心电图、脑电图机对人体心、脑疾病的诊断，都是通过医学设备的检测而完成的。超声、CT、MRI、PET 等将检测通过数据转换为图像。

2. 医学计量是药物治疗的科学依据

无论是中药还是西药，现代医学都是通过医学计量器具，对药物进行组分测定，药理检验，确定治疗范围、服药方法、药量及注意事项等，显然，只有计量器具量值准确一致，才能对药物进行正确测定。如果药剂容器和计量器具量值不准确一致，用药量就会偏离药典及处方规定的分量，轻者影响治疗效果，重者还会导致其他病变，甚至危及生命。

3. 医学计量是理化治疗的有效保证

在理化治疗方面，计量器具是应用现代技术进行治疗和控制的重要手段，超声波治疗机、激光治疗技术输出功率的测量及控制对治疗效果起着直接作用。

4. 医学计量是生化检验分析的基础

生化检验分析方面，无论是血尿便痰常规检验，还是生化分析，都离不开计量测试仪器。计量是医学检验分析仪器的基础。检验数据的准确与否，直接关系到诊断治疗的效果。

5. 医学计量是抢救重危病人的重要参数

心脏起搏装置、心肺复苏设备、多参数生理监护仪对挽救生命垂危病人起着

非常重要的作用，但是如果设备失准或损坏，如起搏能量超值或不足，呼吸压力值不准，监护参数有误，也会造成病人生命危机甚至加速其死亡。

二、医学装备技术档案管理

20世纪60年代以来，数学、物理、化学、机械、电子、微电子、计算机技术和工程学迅速向生物医学渗透，这些科学与生物医学相互交叉，严密结合，形成了一门综合性的应用科学技术——生物医学工程。生物医学工程是将生物学的普遍原理和自然科学、工程科学高度有机地结合起来，它解决了医学中的一个又一个问题。生物医学工程的出现和分子生物学一起对当代生物医学的发展起了非常巨大的推动作用。它的内涵十分广泛，生物力学与生物医学物理，生物医学材料与人工器官医学装备的研制和应用等，都是它的研究对象。

（一）技术管理的意义和任务

1. 技术管理的意义

就医学装备而言，各种生物医学传感器，医学检验分析仪器，医用电子仪器，医用超声仪器，X射线成像和磁共振成像等信息处理和诊断，由不知到可知，大大提高了人们疾病检查诊断的准确率。信息处理技术在医学领域广泛应用，人体信息的提取、传输、分析、储存、控制、反馈等监护和急救装备的不断涌现，使抢救的成功率提高到空前水平。电视技术也在医学中发挥了越来越大的作用。随着微电子技术大规模集成电路的发展，电子计算机技术在医学装备中的应用，医学装备小型化、自动化、智能化和多功能的程度大为提高。

现代医学装备的迅猛发展，促进了医学的进步和医学技术、临床医学新老学科的建设。新的医学装备的出现，顺应了社会进步和人类需求。而一些新的装备在医院中开展应用，又冲击着医学科学的每一个领域。围绕着新型医学装备的应用，现代医院中的学科重新整合，一些新的包括交叉边缘性的学科相继组建。同时为了适应新型医学装备功能效用的发挥，促进了与之技术条件、技术要求相适应的技术人才建设以及配套管理制度、管理形式等方方面面的建设。现代医学装备是现代高新科技与现代医学科学紧密结合的产物。现代医学装备在医院中的应用是现代医院功能和层次水平的集中体现。解决了医学科学领域中一个又一个难以解决的问题，争取了时间，提高了疾病诊治的效率，是现代医院发展前进的动力之一。

2. 全寿命费用分析

装备的全寿命过程是指装备自论证、研制、设计、制造、使用、维修直到报废退役的全过程。全寿命费用就是装备寿命周期过程中各阶段的费用总和。主要包括两大部分。其一是以装备的研制和生产成本并加上利润的医院采购开支的费用，叫获取费用。一般是一次投资，所以又叫作非再现费用。其二是装备在使用过程中与使用、保障（包括维修、保养、修理）有关的人员、动力、物资、器材等费用，叫使用保障费用或使用维修费用，又叫作继生费用。通常可以年度计算，所以又叫作再现费用。还有就是装备的报废退役费用，因为用的很少，可以不专门列入。

衡量是否既买得起又用得起的尺度就是全寿命费用。有的医院只重视装备的性能和购置费，而轻视使用维修费用，这是因为以往的装备比较简单，使用维修费少，这种观念在现代高新技术装备大大发展的今天一定要加以纠正。

装备的使用维修费用，主要取决于装备的可靠性和维修性。装备的使用方提出最低的全寿命费用要求，能促使设计生产部门在全面研制时主要考虑改进可靠性和维修性设计。

医院应用全寿命费用分析管理装备的优点在于：

第一，能明确计算装备在其全寿命各阶段的费用，从而知道需要多少总费用来进行费用一效果之间的权衡，为采购更合理的装备提供依据。

第二，能有效地促进研制生产厂家改进装备的可靠性和维修性，明确如果厂家不改进可靠性和维修性，不降低使用保障费用，最低全寿命费用就无法实现，能为成功研制未来装备打下良好基础。

第三，医院加强装备的技术管理，减少装备的差错，杜绝事故，提高装备的使用率，千方百计延长装备的寿命，保证装备系统本身和维修保障分系统的整体最优化，从而降低装备的全寿命费用。

（二）验收

医学装备验收是装备购置合同执行中最后一个关键环节，是购置管理与使用管理结合部分的第一个环节。验收过程一般是由卖方、合同签订部门、使用科室以及其他相关部门等诸多部门和人员共同进行交接的过程。医院医学工程技术管理部门将起主导把关协调作用，责任重大。验收是安装调试的前提也是基础。作为医学装备技术和管理部门，在验收环节必须极为重视，为医院把好关，保证严格按合同办事，把合格的装备引入医院并尽快发挥其效能为医院服务。

1. 验收的前期准备

验收设备是一个多方合作的工作。作为医院，特别是使用科室一定安排好前期准备工作，不管装备贵重精密与否和价格高低都必须认真对待，把好关口。国内或国外产品，均须严格按"订货合同"及具同等效力和相互制约的"协议附则"等认真对待逐项落实。

（1）验收工作首要是选配合适验收人员，一般常规的验收应由装备部门管理人员、采购人员和使用科室人员组成。若为大型或特大型精密仪器一般由医院领导或主管部门统一组织。包括管理、技术、使用以及相关工作部门人员组成精干组织协作分工，全力以赴集中搞好验收。

（2）参加验收工作的人员，必须详细阅读订货合同，相关文件及技术资料，熟悉了解装备的各项技术性能，特别是安装条件及配套要求，参考厂家验收规程制订验收程序与技术验收方案，要对检验的技术指标检测方法认真研究。对国家规定需由有关的执法机关认定的放射装备、压力容器等，应提前与有关部门联系。

（3）机房要按厂方提供的安装图纸做好布局改造，室内装修、水、电、气、防护的准备。上下水要了解流量、压力，装备用电要求是三相电或单相电、电压、功率，是否需配备稳压电源或不间断电源，电源电阻有无特殊要求（一般要求小于 4 欧姆）等。防护要求分两个方面：一是机器本身的防护，如很多精密仪器要求距离变电站 50m，有的要求隔音、防震、防磁等。二是机器对周围外界干扰的防护，如放射防护，磁屏蔽等。

（4）验收工作根据实际情况建立相关规章制度。医院应建立通用的验收记录与报表等，可参考国家行政管理部门的有关规定格式和一般程序。

2. 常规验收

常规验收是指对装备的自然情况按订货的要求进行检验，主要目的是检验装备是否按计划要求购入，并对装备的包装及装备外观完好程度进行检查，核对订货数量及零件、配件、消耗品、资料数量，相关手续是否完整齐全。

国内订货一般由厂方或销售部门送至医院。医院运输一般不宜采用，如医院自行运输，则运输过程的风险将完全由医院承担。国外订货情况比较复杂，通常采用的有 FOB、CIF 等价格条件。

点验时应根据订货合同核对其标志、合同号、箱总件数及分号、收货单位名称、品名、货号、外包装及收货单位的批次。目前多为储运或运输公司直接送货方式，他们只负责运输核对数量，因此，如有可能与厂方共同点验。

3. 技术验收

技术验收是以技术性能指标为基准，将其贯穿在验收工作之中。习惯称之为质量验收。由于装备尚未正式安装使用，检验尚不能完全作为验收合格的标准。一般厂家和卖方均希望开箱后即签收，在安装签收单上注明"机器安装到位性能正常"等字样。此时作为买方无论对方如何强调，如公司有规定要回去微机录入、货物已齐全又试机等为理由，医院决不能认为公司已领我们作了演示，进行调试问题不大，要坚持原则。所谓性能正常有两个不同的概念：其一，厂方代表往往单方提出以符合厂方出厂检测标准或检测常规可视为正常。对此，不可轻易认同。因为，技术验收规定：如生产国有标准可按生产国标准，生产国没有或不提供标准的可按国际通用标准，我国有国标的按国标。要认真查阅技术资料，抽样检查并要注意抽样的代表性。有些必须预先备留必要的商检机构复检样品。凡国家规定必须经过有关的防疫部门检测的如 X 线机等，及商检部门规定必须商检的品种必须按国家规定执行。性能正常的另一个概念，就是医院必须坚持临床验证。当然所有的功能不可能一一检查，但主要功能必须检测，必要时请兄弟医院专家协助技术验收。

（三）安装与调试

验收是装备从购置管理转向使用管理结合部的第一个环节，而安装与调试则是第二个环节。在验收过程中起主导作用的是医学装备技术管理部门，而安装与调试起主导作用的是使用科室，在安装调试过程中使用科室将逐渐发挥关键作用。

公司厂家和医学工程部门根据装备的具体要求，并与使用科室密切合作，在院领导的支持下应提前准备好安装地点、相关条件，抓紧进行安装调试工作，以便使装备尽快发挥效益。特别是大型精密设备和仪器是多参数、多功能指标的技术装备，不仅硬件而且软件也必须安装调试。随着医学装备的进步及其软件的功能设计进步，在同样硬件或硬件配置基本相似的情况下，由于软件配置不同，甚

至由于软件版本不同在使用效果上会有很大差异，在调试中要认真查对。特别是一般医院对同类大型装备引进双台可能性少，不可能对大型装备软硬件很熟悉。

1. 最大限度满足装备对工作环境的技术要求

由于进行了验收的前期准备，使安装具备了基本条件，但正式安装时必须满足装备技术对环境的要求。

（1）一般条件

场地面积、房屋高度、大型装备吊装进入通道、人员安全通道、防尘防潮、防毒防震、温度湿度、消防、通风等。

（2）配套条件

水（流量、压力）、电源（电压、功率、相数、稳压及净化要求、UPS等）、地线（接地电阻）、防护（磁场屏蔽、放射射线、屏蔽辐射）、特殊用气、地面承重（悬吊式、壁挂式拉力），实验台桌的水平、防震功能，防护处理（污水、污物、废气）等。

（3）特殊条件

有些设备除一般条件外，如双路供电，特殊要求的接地电阻（必要时进行重复接地），直线加速器的放射防护的特殊要求，高精密和标准计量仪器宜放在楼房底层等，均须仔细阅读说明书，与厂家安装工程师协商尽力保证条件落实。

2. 安装

在安装阶段以厂家操作为主，医院方面仅负责提供条件，监督检查安装程序、质量，尽量不进行操作，因此时机器未正式验收签字，发现问题均由卖方（厂家公司）负责。如果确需医院协助，应听从卖方人员指导，以免发生损坏时事故责任不清。

（1）硬件安装

在硬件安装过程中，医学装备技术部门人员要随时监督检查安装质量，登记主机、配件编号，检查是否是新品，各种配件电路板、插头安装是否安全，防止厂家草率从事，对于不明白、不明确或感到不对的地方要实事求是、随时询问清楚，严格按机器技术文件安装。

（2）软件安装

软件安装主要注意两个方面。其一，单片机或一些单板机为固定程序，软件固化在 ROM 或 EPROM 中，该芯片如焊接或插接在板上，一般不会出现故障；其二，有些程序则拷贝在硬盘上，要特别注意了解，最好掌握其软件安装方法，保存好安装盘和程序软件备份，以备将来有故障时可以不必事事找厂家。如厂家不给安装盘和程序软件，应查对原合同条款，一般厂家应将安装盘、源程序及简单维修测试软件密码开放，交给用户。

3. 调试与校验

在安装过程中包括有调试内容，但调试是使机器达到正常技术指标操作功能的过程，而调试过程也包括校验。调试与校验很难界定，一般说来可从三个角度来理解调试与校验。

第一，可以跟着厂家工程师走一圈，在这个过程中用户主要是"看、学、问、想"。"看"是否达到厂家提出的指标，"学"调试方法，"问"为什么这样调试等，"想"这种调试与日常使用的关系，这种调试是否可涵盖所有主要技术指标。

第二，独立自主在厂家指导下按厂家方法走一圈，同时增加自己操作与临床使用实践操作相关技术。

第三，对于放射或标准计量等需由国家有关权威部门检测的设备，应按相关规定通知相关部门检测校验，如自己不掌握检测技术，可请同行专家协助检测试用。

注意：

（1）硬件调试中要按技术说明进行规范测试，如升降高度，水平移动，前后倾角……均应按指标测试到位，并按规范全程监听噪音。

（2）软件功能调试也要规范测试，特别要多点测试，不要试一点就认为可以，多参数多功能更要不怕麻烦，亲手操作。

（3）调试后一般厂家即要求验收并开始保修期。对此，一定要实事求是，除进行模拟临床或其他模拟试验外，必要时待进行临床验证后再签验收及开始保修期的合同。

（四）医学装备的档案管理

医学装备价格几千元至几百万元，大型医学装备价值达数千万元，其使用年限至少数年，十数年或更长。无论从国有固定资产角度或以装备本身从新到旧、到故障出现、直至无法修复，同时因时代进步科技发展使老装备由于技术落后渐

入社会淘汰品，这样一个长过程必须有完整详细的技术档案。医学装备的技术档案是对医学装备购入时的原始资料以及在使用过程中的有关情况进行记载备案的资料。医学装备档案应当规范："真实，完整，动态"，从而达到无论人员交接，装备更迭，所在单位均能从档案了解其历史以及电路及其他零部件维修情况，尤其是结构修改，零件更新，逐年使用率及其他情况。

1. 档案管理的基本要求

医学装备档案应建设总账和使用科室分户账，在进入计算机时代的今天，其总账、分账均应使用计算机管理。但计算机总账不能完全取代医学装备档案，其很多原始数据、文件、资料仍必须存档备查。

医学装备档案要求：

（1）真实

医学装备档案必须真实，在设备从购进直至淘汰报废的全过程中，应将各种购置、验收、安装、调试、培训、使用、维修、管理等原始资料存入备查。医学装备档案使用、借用应严格手续，原始资料除确因资料篇幅过大难以复印外，一般原始资料不应外借而以复印件形式借出。原始资料借阅时应严格借阅手续，限期归还。

（2）完整

医学装备档案必须保持其寿命周期全过程的完整资料。

（3）动态

动态管理是比较难以操作的环节。特别是在医学装备使用的中后期故障较多，软件升级，零件更换较多，配件增加，尤其修改电路或结构必须真实入档。

医学装备档案中的资料必须是经过审阅加工、整理并编号建册；新的资料，尤其是修改电路结构必须及时入档以备后来维修者、使用者查用。

2. 医学装备档案的形成

根据卫健委《医疗卫生机构仪器设备管理办法》有关规定，认真做好医学装备档案管理。

（1）医学装备账目，应当以《全国卫生行业医疗器械仪器设备（商品、物资）分类与代码》（WS/T118—1999）为依据，同时建立总账和分户账，并使用相应的计算机辅助管理软件，实行计算机管理。

（2）医学装备档案内容

筹购资料：申请报告，论证报告，订货单据，订货合同，验收记录等。

管理资料：操作规程、维护保管制度，应用质量检测，计量、使用记录及调剂报废处置情况记载等。大型医用设备还应有三证：配置许可证、应用质量合格证、上岗人员技术合格证。

装备随机资料：产品样本、使用和维修手册、线路图及其他相关资料。

3. 医学装备档案管理的实施

医学装备档案的管理是根据卫生行政主管部门的规定，结合本单位的具体情况按照"统一建立，分级管理"的原则加强管理。档案的各种表册，各医院可参照卫健委《医疗卫生机构仪器设备管理办法》有关附表格式制定，同时制作便于保管、检索方便的档案盒，统一本单位编号，在盒封面、脊背上标明分类编号，设备名称，规格型号等。

（1）医学装备档案由医学工程科（处）或相应管理部门负责建立和保管。

（2）医学装备档案必须由专人负责管理，人员调动办理医学装备档案移交手续，交接双方在清单上签字。

（3）医学装备分户账，使用管理登记本和装备卡，随装备发给使用科室，专人管理，定期检查。

第五章　医院后勤与设备档案管理

第一节　医院运输档案管理

医院交通运输是医院后勤服务的一个重要组成部分，交通运输为医院正常工作提供了必要的交通手段，在医院医疗工作中发挥了不可替代的作用，加强医院交通运输管理，可提高医院交通运输的工作质量和效率，从而更好地为医疗一线服务。

一、医院交通运输的概念

交通运输是劳动者运用运输工具对运输对象进行空间位置的转移。交通运输是连接社会再生产基本环节的桥梁和纽带，是社会再生产顺利进行的重要条件，是整个国民经济不可缺少的重要组成部分，对促进国民经济的发展起着至关重要的作用。人类正是借助于交通运输的发展逐步征服了空间，赢得了时间，提高了改造自然、改造社会的能力，使自己的生活和生产活动不断扩展到更广阔的领域。交通运输业是一个独立的物质生产部门，医院交通运输是医院后勤服务的一个组成部分，以其特有的用途为医疗工作服务。

（一）医院交通运输的作用与特点

1. 医院交通运输的作用

医院交通运输是医院内部后勤服务的一部分，也是开展医疗工作中不可缺少的必要手段，特别是在医疗救护工作中发挥着重要作用。主要表现在：

（1）交通运输为医院正常工作提供了便捷的交通手段；

（2）提高了医院工作效率；

（3）在货物搬运时发挥了必不可少的作用；

（4）在院前抢救及转运患者时，提供了必要的设备，为抢救病人赢得了宝贵的时间。

2. 医院交通运输的特点

与社会上运输企业相比，医院交通运输有以下特点：

（1）是医院后勤服务的一部分，运输规模小，任务相对简单；

（2）运输班组为医疗一线服务，不直接创造经济效益；

（3）救护运输是医院特有的专业运输，是其他运输企业没有的。

（二）医院交通运输管理的职能

医院交通运输管理是运输大规模社会化生产活动的客观产物，是社会分工与共同劳动的客观需要。医院交通运输在服务医疗工作的过程中，反映出了自己的性质及必需的基本职能，包括：

1. 医院交通运输管理的职能

医院交通运输管理的职能，是反映医院交通运输管理者为了实行有效的管理，所必须具备的基本功能，包括：

（1）计划职能。计划职能是医院交通运输管理的重要职能。它是医院运输班组为了实现生产目标，根据医疗任务的需要统筹安排未来的生产活动的决策过程。

（2）组织职能。组织职能是实现计划任务的保证。它是要把生产的各个要素、各个环节及各个方面，从劳动的分工与协作上，从上下左右的关系上，从时间和空间的联系上都合理地组织起来，形成一个有机的整体，使人、财、物和环境等要素更好地结合并最大限度地发挥作用。

（3）指挥职能。指挥职能是保证医院运输正常运转、实现计划不可缺少的条件。它是对医院各类人员运输的领导和调度，是借助指示、命令等权力手段，使领导者有效地指挥、履行职责、实现目标任务的要求。

（4）控制职能。控制职能是根据任务目标、计划、标准以及经济原则对医院运输的生产活动全过程进行检查、监督与整改，确保医院运输目标按预定计划全面完成。

（5）激励职能。激励职能是推动人们向着期望目标前进的心理动力。激励职能是在确定组织目标，充分考虑职工的需要的前提下，把生产活动的目标与职工的个人利益尽可能地结合起来，激发职工的动机，鼓励大家为实现生产目标而努力。

2. 医院运输管理的任务与内容

（1）医院运输管理的任务就是按照医院运输生产活动的特点和规律，对医院全部运输生产活动进行计划、组织、指挥、协调控制和激励，使运输生产活动能以最小的投入，获得最大的产出。其具体任务主要有：

1）根据医院对交通运输的规划要求和运输任务的需求，确定汽车运输班组的发展方向和目标。

2）合理利用医院运输班组的各项生产要素，不断提高劳动生产率，降低消耗，提高运输质量，增产节约，增收节支，不断推进医院运输的技术进步。

3）建立合理的规章制度和经济责任制度，提高管理工作效率和医院运输班组人员素质，运用现代管理方法和手段，科学地组织运输生产，提高科学管理水平。

4）正确处理运输与医院和职工之间的关系。既保证实现任务目标，又要逐步改善职工物质文化生活水平和劳动条件。

5）分析研究医院运输生产活动的诸因素，协调它们之间的各种关系，使人、财、物得到合理组织、充分利用。

（2）医院运输管理的内容。现代医院运输生产活动主要包括三个方面：一是任务管理活动；二是生产管理；三是财务管理。医院运输管理是围绕这三项活动而展开的。

（三）医院交通运输的机构与职责

1. 医院交通运输机构

医院成立司机班或车队，隶属于医院总务处领导。司机班（或车队）设班长（队长）一人，行使司机班（车队）内部的管理职能。司机班（车队）由管理人员、驾驶员、维修人员等组成。有的医疗机构如急救中心，由于车辆多、任务重，交通运输机构也就成为医院的一个更加重要的机构，独立设科或由院级主管领导直接管理。

2. 医院交通运输管理的各级职责

（1）车管干部职责

1）参加医院交通安全管理委员会的日常工作；

2）负责司机班的全面管理工作；

3）掌握车辆的使用规律，督促检查车容和车辆保养状况，提出车辆检修计划；

4）对司机进行职业道德、服务思想教育和安全教育，并进行岗位责任考核；

5）负责司机班安全活动的组织领导与日常安全工作；

6）负责交通违章和事故的处理事项；

7）负责汽油、柴油、润滑油的领发管理工作，并经常进行耗油考核与节油管理；

8）完成领导交办的临时任务，定期和不定期向主管领导汇报工作。

（2）司机班班长职责

1）执行医院车辆使用的管理规定，分轻重缓急合理调度车辆；

2）掌握司机的技术状况和思想表现，派车时讲清任务和交代应注意的事项；

3）对司机进行考勤和岗位责任的管理与考核；

4）对司机的行车记录和耗油量随时进行检查，及时发现问题并纠正问题；

5）负责安排司机值班和检查在岗情况；

6）监督执行交通法规和进行交通法规教育；

7）组织完成车辆年检和司机年审工作；

8）按时完成领导交办的临时任务。

（3）司机的职责

1）坚守工作岗位，服从领导，按任务单出车，服务热情、周到；

2）逐项认真填写出车记录；

3）严格遵守交通法规，安全礼让，文明驾驶；

4）按时参加安全活动；

5）要严格执行车辆"三检制度"即出车前、行驶中、收车后的车辆检查；

6）按时向班长报告行驶公里数和百公里耗油量；

7）个人用车需经车管干部批准，不得私自出车；

8）值班时要坚守工作岗位，随时做好出车准备。

二、医院交通运输的管理

医院交通运输的管理是按照医院预定的运输工作目标和计划，充分利用人力、物力、财力资源，对运输生产的各要素、各环节进行合理安排，优化组合，从运输产品的时间、质量、数量和成本费用等要求出发，对为医院提供符合需要和用户满意的运输服务全过程进行计划、组织、协调与控制。

（一）运输的生产过程

运输生产过程是指从准备运送客货开始，到将客货送达目的地为止的全部过程。根据其对客货实现位移所起的作用不同，运输生产的全过程可划分为：

1. 运输准备过程

准备运输过程是司机班在运送客货之前所进行的一系列物质、技术和组织准备工作。如运输车辆的提供，人员的提供，行车路线的选择，时间的安排等。

2. 基本运输过程

基本运输过程是指客货从起运地至到达地实现空间位移的全过程，它可分为客货的装载、运送及卸载三个主要环节。

3. 辅助运输过程

辅助运输过程是指为保证基本运输过程正常进行所必需的各种辅助生产活动。如检查与维修车辆，配备与调整行车生产人员工作等，辅助运输过程贯穿于运输准备、基本运输及运输结束工作的全过程。

4. 运输服务过程

运输服务过程是指为基本运输过程和辅助运输过程服务的各种服务活动。如行车用燃润油、轮胎、随车工具、维修用的原材料及工具设备等的供应和保管工作。

（二）运输车辆的作业计划

车辆运行作业计划是运输生产计划工作的继续，是有计划地、均衡地组织医院日常运输生产活动，建立正常运输生产秩序的重要手段。它的主要任务是，一方面把医院车队与医疗机构需要有机地结合起来，协调一致地开展工作；另一方面不断提高运输效率，保证医院按期完成运输任务，全面地完成各项技术经济指标。车辆运行作业计划可分为以下几种：

1. 长期运行作业计划

长期运行作业计划主要适用于运输任务、线路和运量都比较固定的运输工作，如医院的职工班车、就医班车、医疗用品的供应和医疗废弃物的运输等，编制周期一般以季度或年度计算。

2. 短期运行作业计划

对于在特定的短时期内，规律性强，运输量相对固定的运输任务可制定短期运行作业计划，如医院进行大型活动，会议，大宗货物的运输等。

3.日运行计划

日运行计划适用于客、货多变,临时性运输任务,这种作业计划需要每天编制,即在前一天下午编好第二天的作业计划,使次日运输任务有序进行。

(三)车辆运用效率

评价运输工作的效率,必须采用一系列的评价指标,有了这些车辆运行效率指标,才能从数量上分析车辆的现有数和运载能力,车辆在时间、速度、行驶、载重量等方面的运用情况,为指挥运输生产编制、检查计划以及人才考核分析,改善和提高医院运输管理提供可靠的依据。

(四)货物运输管理

货物运输是医院正常工作中不可缺少的一部分,由于医院主要以医疗工作为主,医院货物运输一般来说量不大,主要货物运输任务也与医疗工作有关,如医疗设备运输,病人用血、活体组织及生物制品的运输,医疗废弃物的运输及其他普通货物运输等。医院货物运输根据其特点应注意以下几点:

1.货物的安全性

医疗设备多是高科技精密电子产品,同时在受外力的情况下也是易损物品,因此,在运送的过程中应注意货物的包装、保护。病人用血、活体组织及生物制品的运输除了注意货物的物理保护外,还有其特殊要求,如:温度、光线等。

2.运输人员的安全性

这里是指在运输有放射性或传染性病原物品时,应该注意特殊保护、隔离,保护运输人员不受危害。

3.环境的安全性

在运输具有公害的医疗废弃物时,应该注意运输的严密性和运输过程的卫生,以防医疗废弃物泄露,危害环境卫生。

三、医院交通运输管理的发展趋势

(一)医院交通运输的发展方向

随着市场经济的发展和社会化大生产的需要,医院的运输服务也逐渐发生变化,运输服务的社会化已成为医院运输服务发展的必然趋势。主要原因有:

1. 医院运输服务的社会化是市场经济发展的要求

由于医院运输任务量不大，且连续性不强，所以医院运输人员和运输工具的使用效率不高，造成了运输资源的浪费。随着社会的进步和科学技术的发展，人们对运输服务的管理水平和服务水平要求也越来越高，医院对运输的管理能力不高和投入不足，也造成了医院运输服务落后于社会水平，不能满足医院的需要。

2. 医院运输服务的社会化适应了医疗卫生事业发展的需要

首先，运输机构的社会化减轻了医疗卫生机构的负担。在管理上，单位领导可以有更多的精力发展医疗卫生事业，在资金上，单位不但不用为日益增长的运输机构投入而发愁，还可以把节省下来的资金用于医疗卫生事业。其次，运输服务社会化后的房产可以有效利用到医疗卫生工作中去。随着医疗科学技术的发展和临床研究的不断深入，医疗设备越来越多，临床学科的分工越来越细，工作用房屋越来越紧张。运输机构撤销后空置下的房屋显得更加宝贵。再次，原运输机构职工可以补充到其他后勤服务部门，充实后勤服务力量。

（二）医院交通运输社会化的几种做法

根据医院具体情况的不同，医院交通运输社会化的做法也有不同，主要有以下几种做法：

1. 依靠社会力量，缩小医院交通运输规模

保留医院必要的车辆，如救护车、小型公务用车等，其他如货物运输、职工班车等向社会上专业运输机构购买服务。这种方法适用于运输任务量不大的中小医院。

2. 总额承包管理（又称为二级核算）

根据司机班各种费用计算出司机班的年费用额度，向医院内部总体承包，并制定具体的任务合同，司机班仍属于医院的一个机构，在为医院服务具体任务时不具体发生费用关系。

3. 成立医院运输经济实体

司机班在人、财、物方面自主管理、自主经营、独立核算，根据自身情况制订发展规划，对医院实行有偿服务，并对外经营。这种方法可以减少医院对运输的投入和减轻医院管理者的负担。

4. 取消司机班, 完全向社会专业运输机构购买运输服务

医院交通运输服务的社会化应根据医院自身的具体情况而定, 既要坚持医院交通运输的社会化发展方向, 又要兼顾医院的需求和稳定, 即"积极稳妥、因地制宜、保证稳定"。

第二节　医院文化档案

一、医院文化的概念

医院文化是指在社会文化和现代意识影响下所形成的具有医院特征的群体意识, 是为全体医务人员所认同的行为准则和所奉行的价值观念, 是企业文化在医疗服务行业的一种形式, 是社会道德加职业特征的表现。

二、医院文化的功能

1. 导向功能

医院文化规定了人们行为的价值取向, 也就是对医院共同利益的选择和取舍, 医院的全体工作人员通过具体的行动表达医院文化的内涵, 使员工的行为表里如一。

2. 约束功能

医院文化首先通过制度表达强制性地约束员工的行为, 进而通过长期反复的宣传和教育, 使医院的价值观和服务理念变成员工的自觉认识, 自觉约束自己的行为。

3. 同化功能

文化要素组成了组织团结的工具。新员工进入到医院, 首先感受到的是医院文化产生的潜移默化的影响。由于群体的共识和个人的从众心理, 员工个人会采取与群体的价值取向相一致的行为。

4. 凝聚功能

医院文化是一家医院特有的价值观和精神理念的表达, 可以使全体员工产生对目标、原则、观念的认同感, 实现目标的使命感, 以及对集体的归属感。这些主观感受是员工对自身工作感到满意的必不可少的影响因素, 可以给员工以荣誉

感和自信心，使大家在工作中心往一处想，劲往一处使，团结奋斗。

5. 激励功能

共同认可的组织文化可以提高工作绩效，医院文化促进经营业绩的原因在于：第一，在专业化程度很高、分工复杂的世界中，很难做到协调一致。医院文化能够带动员工树立明确的目标，并在为此目标奋斗的过程中保持一致的步调。第二，医院文化能够在员工中营造出非同寻常的积极性，成员贡献的价值观念和行为方式使得他们愿意为组织出力。第三，医院文化还提供了必要的组织结构和管理机制，从而产生了一个合适的、有利于激发创造的压力水平。

6. 调节功能

一个医院里的全体员工由于年龄、性格、家庭背景、文化水平等各个方面的差异，不可避免地会在工作中产生这样或那样的矛盾，在共同的医院文化作用下，员工可以求大同存小异，用最符合医院的价值观、最有利于医院的方式解决工作中的矛盾和冲突。

7. 辐射功能

医院希望与患者保持长期的服务合作关系，而医院文化恰恰可以通过各种途径影响到就诊的患者和医院所在的社区，在患者及社区中树立鲜明的医院形象。

三、医院文化建设的原则

（1）坚持实事求是，一切从实际出发的原则；

（2）坚持可操作性的原则；

（3）坚持群众路线的原则；

（4）坚持实践的原则；

（5）坚持扬弃的原则；

（6）坚持领导以身作则的原则。

四、医院文化的表达

1. 医院文化的理念表达

医院文化的理念表达是用具体的语言将医院的价值观表达出来，而非抽象的、概念化的口号。价值观的具体而富有个性的表达可以起到两方面的作用：一是使文化理念在全体员工心目中形成一个实实在在的概念，真正成为凝聚人心、支配行为的自觉意识；二是使员工产生与众不同的自豪感和归属感，使员工在整个行业的激烈竞争中保持旺盛的精神。

2. 医院文化的制度表达

在文化的理念表达与制度表达之间，人们最终会服从于制度表达的要求，而放弃与实际行为不符的口号。要实现医院文化的正确的制度表达，关键是要使制度对员工行为的导向作用与医院文化的内涵一致，即做到规章制度的表里如一。

3. 医院文化的形象表达

医院管理者通过各种规章制度向员工传达文化层面的要求和导向，同时文化的形象表达向患者以及患者家属传达医院的文化理念。医院文化的形象表达包括医务人员的服装、标牌，医院环境的色彩、风格等。

五、医院形象设计

1. 企业形象识别系统的概念

所谓 CI 战略，是指在对市场环境及企业内部进行充分的调查和研究的基础上，分别对企业的理念、行为、视觉传递三部分进行系统的、规范化的策划和设计，并制定 CI 手册和进行 CI 发布（对内和对外），据此持久地、一贯地予以执行的策略。其成功实施的必然结果是使内部员工和外部社会群众对该企业产生一致的认同感和价值观，从而创造出最佳的经营环境。

2. 形象识别系统的内容

（1）理念识别：如目标、信念、宗旨等内在品质与精神。医院理念设计是对医院精神、价值观、目标等观念性的又能体现医院个性的内容进行浓缩，通过简洁、精练的文字表达出来。

（2）行为识别：如机构、制度、奖惩、公关、宣传等，是贯彻理念的一切行为与态度的动态体现。医院行为设计主要包括医院的管理体制（权利行为）、各种制度（员工的行为规范，如医院用语和对员工的奖惩）及医院各项文化活动。

（3）视觉识别：如名称、标志、环境等，是贯彻理念的一切视觉信息传递的静态统一。医院视觉设计是医院经营理念的外在表现，医院理念是视觉识别的精神内涵。

3. 医院形象设计的原则

（1）系统性；

（2）长期性；

（3）以医院理念为核心；

（4）人性化；

（5）与法律规定不相抵触。

第三节　医院诊疗档案管理

一、门诊管理

（一）门诊管理的概念

门诊管理就是对门诊工作的全过程、门诊工作的诸要素以及参与门诊工作的各个部门进行计划、组织、协调、控制和评价。

（二）与住院服务相比，门诊服务的基本特征

（1）地域性；

（2）前沿性；

（3）患者集中并且流量大；

（4）不确定性；

（5）限制医疗能力；

（6）资源消耗少；

（7）流程管理压力大。

（三）流程管理

1. 作业流程的概念

作业流程是指为最终满足顾客的需要而设计和实施的一组通过信息、人员和物质相联系的业务活动。这组业务活动以一种或多种输入为基础，经过一系列步骤，到创造出顾客愿意购买的产出（产品、服务）为终点。

2. 作业流程管理的意义

作业流程管理主要有两个切入点：一是在承认现有作业流程的基础上，考察服务是否沿流程模式单向、顺畅地流动，目的是消除各种重复和停顿。二是对比

价值链和作业流程，考察服务流程与价值链是否一致，进行流程的调整与重组，尽量减少不产生价值的环节，提高服务的效率和价值，以实现服务效益的最大化。

完善的医疗服务流程管理要求患者在就诊过程中沿价值链顺畅地单向移动，缩短各种停顿和重复，尽可能地避免无效甚至损害系统价值的环节及现象，实现价值在价值链上的单向流动，取得成本和时间上的优势。

3. 门诊流程分析

（1）门诊流程的核心环节。就诊是门诊服务的核心环节。

（2）门诊等待环节分析。各种各样的等待使患者占用医院的时间和设施，缺少直接的效益，还会有副作用。例如，在候诊环节，大量患者长时间集中在候诊室中，由于等待时间长、空气不新鲜等因素容易使患者产生烦躁情绪，甚至交叉感染。患者之间交流的信息除了疾病信息以外，更容易交流彼此的不满意和对医院的厌烦情绪。因此，虽然候诊环节是患者进入诊室之前必不可少的，但是易给患者造成心理压力，对医院的负面作用大于积极作用。

（3）门诊流程的逆流分析。一些患者在门诊服务过程中，会遇到一些重复某个环节的情况，即门诊环节存在逆流。因药物处方问题造成的逆流是医院中最常见的不合理的逆流现象。

（4）门诊再次就诊环节分析。造成再次就诊的情况有：①预约二次就诊；②预约实验室检查；③取实验室检查结果；④其他一些原因造成的二次就诊情况。再次就诊有些是合理的，有些是不尽合理的。

二、住院诊疗管理

（一）住院服务的特点（与门诊服务相比较）

住院服务的特点有：①病情的复杂性；②诊疗的系统性；③工作的协同性；④服务的综合性；⑤心态的多样性；⑥医院要提供必要的诊疗条件和环境。

（二）住院诊疗管理的任务

住院诊疗管理的任务包括：①为住院患者提供优质的诊疗服务；②为住院患者提供良好的诊疗条件和环境；③为医务人员和医学生提供临床实践的场所；④为开展临床科研提供重要基地。

（三）医疗业务管理制度

医疗业务管理制度包括：①检诊制度；②查房制度；③会诊制度；④病例讨论制度。

（四）医疗组织管理制度

医疗组织管理制度包括：①交接班制度；②转诊制度；③总住院医师制度；④医院总值班制度。

（五）病房管理制度

病房管理制度包括：①探视制度；②陪护制度；③手术、重大检查知情同意制度，保证患者的知情权和选择权；④住院费用管理制度；⑤住院时间管理制度。

（六）病房管理的管理角色

病房管理的管理角色包括：科主任、住院总医师、护士长、医务处、住院部。

（七）住院患者评价指标

住院患者评价指标包括：①服务规模指标；②服务数量指标；③服务效率指标；④服务质量指标；⑤服务效益指标。

三、急救医疗管理

急救医疗服务体系包括院前急救、医院急诊室急救和重症监护三个彼此独立又相互联系的部分。

（一）急救医疗服务特点

（1）使患者获得最大的健康效益；

（2）有效利用医疗服务资源；

（3）需要有严密的组织；

（4）急救医疗服务时间性强；

（5）急救医疗服务的社会化；

（6）医疗手段有限。

（二）急救医疗服务流程

对危重患者的医疗紧急救援工作一般分为三个阶段：首先是首援服务，主要由社区志愿者进行，也包括急救通讯中心利用电话对患者及其家属进行指导下完成的现场救护。第二阶段是指由专业急救医师进行现场的院前急救和安全转运，主要是维持伤病员的生命和初步急救、心肺复苏、止血、骨折固定等。第三阶段是指由急诊专科医师进行的院内急救。

（三）急救医疗服务系统的组成

（1）急救医疗运输系统；

（2）急救医疗调度系统（急救医疗指挥系统）；

（3）急救医疗通信系统；

（4）急救医疗信息系统；

（5）急救医疗服务系统。

（四）急救医疗服务管理原则

（1）分级设置与管理原则；

（2）区域设置与管理原则；

（3）资源共享和统一指挥原则；

（4）急救车服务系统独立设置原则；

（5）追求人群的最大健康效益原则（检伤分类：triage）。

很多国家不论是在灾害事故大批伤病员的救护中，还是在医院急诊科患者的救治中，普遍实行检伤分类制度，遵循最大限度地挽救生命和最大限度地减少死亡的原则，追求人群的最大健康收益。检伤分类就是根据伤情对患者进行分类，国际通行的是将患者分为四类，然后分类安置，分类治疗，分类转送。

实行检伤分类制度，应该首先明确设立急救中心（站）或医院急诊室的目的是在医疗资源有限的情况下，保证人群的最大健康收益，因此，通过制度安排使个人健康收益服从于人群的健康收益。在医院急诊科实行检伤分类制度，目的是将患者按病情轻重分类，根据患者病情的危重程度安排医疗工作和医务人员，特别是根据病情轻重而不是到达的时间先后安排患者接受诊治的先后顺序。危重患者优先且立即治疗，轻症患者或者没有生命威胁的患者则必须等待，否则急诊室在有限的工作条件下无法保证对急危重症患者的抢救。

（五）急救医疗服务中的相关问题

1. 质量评价

反应时间是评价医疗急救系统服务能力的重要指标。反应时间是指从患者急救呼叫到救护车到达现场的时间间隔。影响反应时间的因素有通讯的灵敏程度、

救护车辆的性能、城市交通状况等，最基本的因素是急救服务半径。急救服务半径是指一个急救中心（站）的救护车行程覆盖范围。

2. 急救医疗知识的社会化教育与培训

社会化培训的对象分两类，一类是行业性的，如司机、警察、消防队员、铁路部门的乘务员、饭店餐馆的服务员、民航乘务人员；另一类培训对象是普通的社区公众。社会化培训只是传授诸如保持身体平衡、患者的搬运移动、呼叫等基本知识，避免患者在创伤发生后医疗措施实施之前加重损伤或者发生二次损伤。社区的宣传还包括提高"120"专线电话的知情率，提高人们拨打专线急救电话的意识，提高群众的自救互救能力。

四、药事管理

（一）医院药事管理的概念

医院药事管理是指医院内以临床药学为指导，促进临床合理用药的药学技术服务和相关的药品管理工作。

（二）医院药事管理的任务

（1）临床药品供应的管理；

（2）临床药品应用的管理；

（3）临床药品调剂管理；

（4）临床制剂管理；

（5）药品质量监控管理；

（6）药品不良反应监测；

（7）药学保健；

（8）药学研究；

（9）医院药品服务相关信息的收集、整理、分析；

（10）药品管理法律、法规的执行、监督。

（三）医院药事服务中存在的问题

按照临床服务的程序，药事服务中的错误主要发生在以下四个阶段。

（1）处方错误——由医生造成的；

（2）配药错误——由护理人员造成的；

（3）药品处方抄写错误——由助理人员（在我国是护士）造成的；

（4）发药错误——由药房工作人员造成的。

（四）合理用药

1. 合理用药的概念

合理用药要求患者接受的药物适合他们的临床需要，药物的剂量符合他们的个体需要，疗程足够，药价对患者及其社区最为低廉（世界卫生组织 1985 年内罗毕会议）。

不合理用药指不适当、无效和不经济的医疗用药问题。在世界各国，特别是发展中国家，不合理用药问题普遍存在。只有在购药经费短缺，或必须为提高药品使用的成本、效益采取行动时，决策者和管理者才对药品的合理使用问题引起重视。

2. 合理用药的含义

安全、有效、经济。

3. 合理用药的生物学标准

（1）药物正确无误；

（2）用药指征适宜；

（3）疗效、安全性、使用、价格对患者适宜；

（4）剂量、用法、疗程妥当；

（5）用药对象适宜，无禁忌证，不良反应小；

（6）调配无误（包括信息提供）；

（7）患者顺应性良好。

4. 合理用药的判断依据

（1）药品说明书；

（2）药物治疗指南、临床路径；

（3）公认的参考书、数据库或研究文献；

（4）专家委员会讨论。

5. 合理处方的标准

（1）适当的适应证；

（2）适当的药物；

（3）适当的患者；

（4）适当的信息；

（5）适当的观察。

6. 不合理处方的表现形式

（1）使用药物而没有适应证；

（2）在需要药物治疗时使用错误的药物；

（3）使用药效可疑或未证实疗效的药物；

（4）使用安全性不肯定的药物；

（5）不能给予可供应的、安全有效的药物；

（6）正确选择了用药，但给药方式、剂量及疗程不正确；

（7）不适当的联合用药；

（8）使用不必要的昂贵药物。

7. 改善用药合理性的制约因素

（1）患者缺乏正确的信息引导，对用药提出不适当的要求；

（2）医生的自我保护意识增强，导致使用过度的保护性医疗措施；

（3）尚缺乏药品合理使用的强制性规范；

（4）医院的创收动机给医生的驱动力量；

（5）药品供应系统的经济驱动力量；

（6）政府药品定价机制的不合理经济导向；

（7）相关政府管理制度尚未落实。

（五）改善用药的实践

1. 改变药品使用问题的过程

改变药品使用问题的过程包括：检查、诊断、治疗、随访。

2. 干预措施

干预措施主要分为教育方法、管理方法、规章制度三类。

第四节 医院房屋建筑档案管理

一、房地产档案含义

房地产档案工作，是房地产管理的重要依据，是医院规划建设的真实记载。在房地产档案管理中特别要注意对改扩建中的零星建筑的及时记载；国有资产管理中固定资产划分中的有关规定的实际记载；近年来外征地社区服务，横向联合占用房屋、土地产权的记载。切实抓好房产档案管理制度的落实，使房产资料为医院的建设和发展服务。

二、房地产档案现代化管理手段

随着信息网络时代的发展，医院后勤管理的信息化进程应该加快，房产管理中档案管理手段现代化是十分迫切的。房产档案信息管理是把房屋建筑从规划到施工、验收全过程的信息收集处理的过程提供给管理服务。档案信息体系建立在与计算机结合的基础上。

三、房产管理档案的扩展

由于医院传统的基本建设管理体系造成基建档案管理中的一些弊端，如与新建医院房管科机构的脱节、与医院总部门现代管理的内容脱节等。一些医院对房管职能界定不全面（只管职工住房、集体宿舍用房），因而出现医院大量医疗活动用房的经常性管理责任不到位，出现问题由医院总务或基建部门临时抢修，修缮档案管理信息收集一不及时，二不注重，三凭当时完工记忆追述，四是只满足完成施工，无记载查询。

从医院建设发展看，医院建筑密度逐年加大，地上建筑越发增加，地下管网纵横交织，必须有详细、准确、完整的记载，才能使医院房产无论是职工生活用房，还是医疗、医技工作以及医院大型医疗仪器和各项配套设备用房有案可查，因此都应建立房产管理档案。应划分档案记载责任区，落实档案责任人。

房产档案内容收集应按上级规定要求，在收集方法上应采用现代手段，管理人员要有创新的思维，使房产档案声、像展示，图文并茂。文件微缩，录像带存储，电脑硬盘、光盘备用，查询系统建立等都有助于医院产权界定，有助于医院

扩大发展的规模，有助于在整个医院医疗事业发展中，在医院做重大阶段总结中便于先后对比，新旧对比，有助于在基本建设中总结经验、吸取教训，提出新思路，进行新设计。

四、房产管理制度

（一）房产管理总则

（1）房产管理在主管院长领导下，统一由房产管理办公室（科）负责分配、调整用房。

（2）房屋属国家固定资产，必须保护房屋的完整性，充分发挥房屋的效益，延长房屋的使用寿命。

（3）任何单位、部门、个人不得以任何借口抢占房产，违者追究责任。

（4）任何个人不得以任何借口抢占公共场所用地，违者追究责任。

（5）使用部门和个人严禁对建筑物随意改建，以免对建筑物造成损伤和破坏。

（二）医院临床用房管理制度

（1）医院临床业务部门的用房，由院领导研究分配，根据规划意图，建筑功能，部门设置，规模及长远设想，统一安排与调整。

（2）根据决定由房产管理部门或指定的职能处（室），负责分配管理。

（3）房产管理部门对医院临床用房要建立完整的保管制度，包括使用面积、设备情况、大修改建资料等，形成文件责成使用部门专人负责。

（4）房产使用部门，要承担保卫、安全、卫生等义务，共同维护房屋的正常使用。

（5）严禁堵塞和占用消防通道，严禁室内或通道内堆放易燃易爆物品。

（三）医技科室房屋管理制度

（1）要责成专人对本部门用房进行管理，了解建筑面积、设备情况、修改情况，经常向房管部门反映情况。

（2）医技用房有特殊的建筑与防护功能，严禁挪用及拆改。

（3）用电设备要强调正规化管理，禁止部门和个人私自改动。

（4）要加强安全、保卫、防火、卫生等多方面综合管理，严密把守可能发生隐患的关口。保持消防设施的正常状态，做到有备无患。

（四）行政、后勤用房管理制度

（1）锅炉、供电、氧气、配电等重要部门要有其建筑上的特殊功能，严禁擅自拆改，以免造成财产损失。

（2）要指定专人管理行政后勤用房，爱护公共建筑与设备。

（3）行政后勤用房要强调水、电设施的正规化管理，减少隐患。

（五）公用通道、走廊、房屋的管理

公用通道的管理是医院人员密集、交叉来往、运输的必然通道，因此要把这部分管理纳入房产管理中，谨防疏漏管理造成通道拥挤，使用混乱，影响医疗活动效率。

1. 公用通道管理

公用通道应分为建筑外道路，门诊通道，病房通道，病房门诊楼层通道，门诊候诊区，病房走廊区，门诊、病房与医技科室连接区，医技科室候诊通道等。

2. 在管理上统一由房产管理部门管理

一是划分区域负责单位或指派专人管理。二是对公用通道制定使用范围及禁止使用内容的规定，如门诊走道不宽畅要限定不宜候诊，楼层上下楼梯平台处不能随意堆放杂物以保证防火和应急疏散。三是制定保护房屋建筑装修的措施、要求。四是对公用走廊标识的统一安排。五是公用通道、走廊、房屋区域整体规划人文景观，营造一个文化气息浓厚，优美、幽静、卫生的环境。

五、职工集体宿舍、家属宿舍管理

解决医院职工住房和实施 24 小时在院制住院医师以及因各种情况无住房职工的集体宿舍是医院职工的切身生活需要，满足住房需求有利于职工解决后顾之忧。

（一）集体宿舍的管理

1. 集体宿舍管理原则

（1）根据本单位集体宿舍规模，分布情况下设住宿办公室，安排专职或兼职管理人员。

（2）设专职（或兼职）卫生人员及保卫人员。

（3）指定或由住宿职工推选舍长，协助管理人员工作。

（4）住宿人员要协助房管部门工作，不得以任何借口干扰房管工作。威胁、辱骂、殴打和阻碍正常房管工作者，追究其责任，处以罚款，取消住房资格。

（5）集体宿舍实行安全、卫生、设备综合管理，住宿人员必须遵照执行。

2. 申请住宿程序

（1）个人申请，部门领导签署意见，房管部门批准。

（2）办理住房协议，根据协议规定办理手续居住、退房及退床。

（3）在房屋条件允许的情况下，照顾部门、职务、年龄、工作性质、身体情况等因素。

3. 建立集体宿舍的管理制度

（二）职工家属宿舍管理

在城镇住房改革逐步实行住房商品化、社会化进程中，在住房、交通还不够发达的现状下，必须从目前医院职工住房的实际情况以及医疗工作的特殊行业情况出发考虑和研究解决职工家属居住条件问题。对医院自身有住房条件的可沿用原家属宿舍分配及管理的成熟办法。对于投入大量资金、集中购买小区提供家属宿舍的要把自身分配管理和小区物业管理相结合。

1. 医院自管房屋住房分配

家属宿舍的分配，关系职工的切身利益，是一项复杂的工作。

由于各个医院和单位拥有的住房情况各异，人员结构、分配标准和办法很难统一，为此，各单位只能根据本单位的实际情况成立分房组织，制订分配办法，尽全力较公正地解决住房分配问题。

2. 建立家属宿舍管理制度

六、房产管理实施物业管理

医院房产管理长期沿用计划经济小而全的管理模式，从设计到竣工，从接管到养护维修独自成为一个系统的模式较为多见。

在社会化发展，经济全球化的新形势下应积极推进医院房产管理的科学进步，房产管理的物业化是使医院管理医疗活动和专业技术重点更突出，把规模大的专业管理弱项交由社会管理，对医院功能效益的发挥是有积极意义的。

（一）物业管理概念

物业管理是指物业管理企业受物业所有人的委托，依据委托合同，对其房屋建筑及其设备、市政公用设施、绿化、卫生、交通、治安和环境容貌等管理项目进行维护、修缮和整治，并向物业所有人和使用人提供综合性的有偿服务。

物业管理企业，为物业管理公司。物业所有人，即产权人，指房屋和土地使用权人，亦称为业主，可以是个人、集体、国家。

物业管理基本特点：社会化、企业化、专业化。经营型物业管理最基本的特点是业主自治自律与物业管理企业统一专业化管理相结合。

而物业管理要在确立业主的主人翁地位，尊重业主自治自律的前提下，实行统一专业化管理。

（二）物业管理内容

常规性的公共服务是指物业管理中的基本工作，是面向所有住用人提供的最基本的管理与服务，以保证正常的工作生活秩序和净化、美化工作生活环境。公共性服务管理工作其具体内容和要求委托合同中要作出明确规定。

1. 房屋建筑主体的管理

房屋建筑主体的管理主要为：房屋基本情况的掌握、房屋修缮及其管理、房屋装修管理。

2. 房屋设备、设施管理

房屋设备、设施管理主要为：各类设备、设施基本情况的掌握；各类设备、设施的日常运营、保养、维修与更新的管理。

3. 环境卫生管理

环境卫生管理主要包括楼宇内外物业环境的日常清扫保洁、垃圾清除外运等工作。

4. 绿化管理

绿化管理是为美化物业环境而进行的管理与服务工作。

5. 治安、消防、车辆道路管理

治安、消防、车辆道路管理是为维护正常的工作、生活秩序而进行的一项专门性的管理与服务工作。

6. 公众代办性质服务

公众代办性质服务是为业主代收代缴水电费、煤气费、有线电视费、电话费等。

物业管理从管理体制上改变了房屋管理在计划经济条件下政府各部门、企业单位采取行政手段直接进行行政福利型封闭式管理。从管理的内容看改变了传统房屋管理长期以来以单一收房租养房为主要内容的管理形式。通过全方位、多功能的自身经营机制实现有效管理。从管理机制上改变了传统房屋管理由单位自身意志管理，用房户长期处于被动地位的局面，使产权人、使用人有通过市场选用或不选用的自主权利。

因为物业公司综合服务性强，使物业管理不仅维护正常工作、生活秩序，还可以面对一些突发问题。又因为它的专业性强，在综合服务中的每项内容，几乎就是一个专业，所以能提供更好的专门技能服务。更新观念、顺应潮流的医院房屋管理，首先是职工用房，无论是新建还是原建托管，都应参加到新兴的物业管理当中去。

七、医院住房制度的改革

医院房屋建设是医院产权的重要组成部分，资金占有量大，管理内容多而复杂。按照社会主义市场经济发展和国家城镇住房制度的改革要求，使医院自管房屋主要指职工家属住房的改革工作从管理上产生了新的变化，拓展了医院房管科的功能，同时对房管水平提出了更多要求。因此房管队伍必须提高认识、加强学习、掌握政策。从 1994 年国务院关于深化城镇住房制度改革的决定发布以来，陆续制定了一系列有关的具体政策。城镇住房改革的根本目的就是建立与社会主义市场经济体制相适应的新的城镇住房制度，实现住房的商品化，社会化。近几年的房改使这项工作有了好的进展，医院管理者要乘势而上，努力在房改中按国家规定政策结合医院实际住房情况创新思维，创新工作。

城镇住房制度改革的基本内容就是把住房建设投资由国家、单位统包的体制改变为国家、单位、个人三者合理负担的体制；把住房实物福利分配的方式改变为以按劳分配为主的货币工资分配方式；建立以中低收入家庭为对象，具有社会保障性质的经济适用房供应体系和以高收入家庭为对象的商品房供应体系；建立住房公积金制度；发展住房金融和住房保险，建立政策性和商业性并存的住房信贷体系；建立规范化的房地产交易市场和发展社会化的房屋维修、管理市场，逐步实现住房资金投入产出的良性循环，促进房地产业和相关产业的发展。根据上述内容医院房管科应积极推进做好住房公积金的管理，做好住房租金的改革，为医院职工有条件购买公有住房落实各项政策、办法，做好稳步推进，积极管理的工作。对单位自管房还要加强售房后房屋维修、养护管理工作。

第五节　医院环保档案管理

一、医院环境保洁及管理

（一）医院空气卫生学管理

医院排放的大气污染主要是：锅炉房排放的烟尘、二氧化硫、氧化氮、二氧化碳、一氧化碳；手术室、临床检验室排出的各种有机气体，如乙醚、甲醛、氯仿、环氧乙烷等；污水处理站排出的恶臭物质、挥发泄漏的氯气；垃圾焚烧炉排出的烟气、多环芳烃类物质、二氧化硫和氧化氮等。这些有毒有害气体的排放将对大气环境质量产生影响，对局部环境也有一定危害。

（二）医院排放气体的管理

根据《中华人民共和国大气污染防治法》的规定，国家环境保护局 1996 年 4 月 12 日批准的《大气污染综合排放标准》规定了 33 种大气污染的排放限值，其指标体系为最高允许排放浓度、最高允许排放速率和无组织排放监控浓度限制。适用于医院 GB13271—1991《锅炉大气污染物排放标准》及医院的气体排放标准。

1. 《大气污染物综合排放标准》采用的定义

最高允许排放浓度：指处理设施后排气筒中污染物任何 1 小时浓度平均值不得超过的限值；或指无处理设施排气筒中污染物任何 1 小时浓度平均值不得超过的限值。

最高允许排放速率：指一定高度的排气筒任何 1 小时排放污染物的质量不得超过的限值。

无组织排放：指大气污染物不经过排气筒的无规则排放。低矮排气筒的排放属有组织排放，但在一定条件下也可造成与无组织排放相同的后果。因此，在执行"无组织排放监控浓度限值"指标时，由低矮排气筒造成的监控点污染浓度增

加不予扣除。

无组织排放监控点：依照《大气污染物综合排放标准》的规定，为判断无组织排放是否超过标准而设立的监测点。

无组织排放监控浓度限值：指监控点的污染物浓度在任何 1 小时的平均值不超过的限值。

污染源：指排放大气污染物的设施或指排放大气污染物的建筑构造。

单位周界：指单位与外界环境的边界。通常应依据法定手续确定边界；若无法定手续，则按目前的实际边界确定。

无组织排放源：指设置于露天环境中具有无组织排放的设施，或指具有无组织排放的建筑构造。

2. 指标体系

新污染源大气污染物排放限值。

（三）医院放射线及电磁辐射的管理

1. 辐射线防护管理

放射性同位素，在人类生活和国家建设事业中的应用越来越广泛，它能造福于人类。但人们也清楚地认识到，放射性同位素也确实存在着潜在的危害。如果使用不得当，保管不严，也会对人体造成一定的危害。有时还会造成社会的恐慌，影响社会治安的稳定。

1922 年，美国有 100 多名放射科医生死于职业照射。1955 年，美国钟表厂使用镭发光涂料的青年女工中就有 18 名死于再生障碍性贫血，居里夫人和他的女儿死因都与放射有关。

辐射通过机体的外部或内部作用于人体后，使机体中的大分子（蛋白质、酶类）化合物激发或电离，造成分子结构的变化和生物学功能性质的改变，从而引起组织细胞遭到破坏和各个系统（神经、消化、造血、内分泌等）的功能障碍，使机体发生病理性的变化，导致放射性损伤的发生。

为了促进核能与放射线技术的发展，保障从事放射性工作的人员和广大公众的健康与安全，保护环境，必须具备相应的安全防护设施、先进的防护监测技术、科学的防护标准，还必须制定严格的安全防护法规、规章，并实施相应的管理措施，才能保障放射防护安全。

1960 年国务院批准发布了《放射性工作卫生防护暂行规定》，这是我国第一部发展原子能科学和射线技术应用方面的法规。之后卫健委等相继发布有关法规。1989 年 10 月 24 日，国务院第 44 号令发布了《放射性同位素与放射线装置防护条例》，这是我国第一次公开发布的最高层次的放射卫生行政法规。

（1）防护监督管理主要内容与要求。放射性防护管理，是放射性防护管理部门依据国家放射防护法规、标准等，遵循辐射实践正当化、辐射防护最优化、个人剂量限制的防护原则对新建、改建、扩建放射工作场所（或工程）实施防护审查批准与验收，保证放射工作场所（或工程）的放射防护设施设计符合防护规定及防护标准，它是放射防护工作中最重要的一项预防性安全管理措施。

（2）放射性物质的防护监测。通常射线不能由感觉器官察觉，必须使用专用仪器进行测量，所以在放射性工作中离不开对放射线的剂量监测。

放射防护标准的执行情况和防护措施是否安全可靠，必须通过实际的测量来检验。有效的辐射剂量的监测，有助于及早地发现事故征兆，以便及时采取措施。因此在放射性操作或管理工作中，辐射计量测量是十分重要的。

（3）个人剂量的监测。个人剂量的监测是辐射防护评价和辐射健康评价的基础。监测内容，一是外照射，鉴定工作人员处辐射场的外照射水平，估算工作人员接受的辐照剂量，同时了解个人的辐射防护情况；二是内照射，了解放射性物质进入体内的情况。

（4）工作场所的剂量监测。工作场所的剂量监测是了解辐射场的剂量水平，达到改善防护措施，进行安全生产的目的。辐射场所的剂量水平来自几个方面的辐射因素：开放型和封闭型放射源的外照射，表面污染的辐射和进行剂量监测，将为个人受照剂量、工作场所的防护情况提供可靠的计量依据。

2. 电磁辐射环境保护管理办法

（1）电磁辐射的定义

电磁辐射是指以电磁波形式通过空间传播的能量流，且限于非电离辐射，包括信息传递中的电磁波发射，工业、科学、医疗应用中的电磁辐射，高压送变电中产生的电磁辐射。

（2）电磁辐射的规定

为了加强电磁辐射环境保护工作的管理，有效地保护环境，保证公民健康，

1997 年国家环境保护局发布施行了《电磁辐射环境保护管理办法》。1998 年国家环保局批准并实施了《电磁辐射防护规定》，规定了职业照射导出限值、公众照射导出限值。医疗单位应按规定执行。

医院照射必须遵守剂量限值体系的正当性和最佳化原则。一切治疗和诊断照射的应用，必须由有资质的医生认为必要时才可施行。使用的放射性药剂和照射装置必须符合有关标准。从事医疗照射的医生应接受辐射防护专业训练，并取得主管部门发给的合格证。

（3）辐射照射的控制措施

1）管理措施。为了便于管理，将从事辐射工作单位的场所分三区：

控制区：在其中连续工作的人员一年内受到的辐射可能超过年限值的十分之三区域，应标以红色。

监督区：在其中连续工作的人员一年内受到的辐射照射一般不超过年限值的十分之三，而可能超过十分之一的区域，应标以橙色。

非限制区：在其中连续工作的人员一年内受到的辐射照射一般不超过年限值的十分之一的区域，应标以绿色。

2）监测措施。为了便于监测，将工作人员所处的工作条件分为两类：

第一类：在此条件下，工作人员的年剂量可能超过个人剂量限值的十分之三。

第二类：在此条件下，工作人员的年剂量不可超过个人年剂量限值的十分之三。

3）辐射监测。一切伴有辐射的实践或设施，都应根据具体情况，按辐射防护优化原则制定出相应的辐射监测计划，开展辐射监测。监测结果应定期向辐射防护和环境保护部门报告，发现异常情况时应随时报告。辐射监测包括个人监测、工作场所监测、流出物（源项）监测、事故调查、监测质量保证等。

个人监测：辐射工作单位必须对第一类工作条件下的工作人员进行个人监测。工作人员可能受到 X、高能射线或中子照射时，应佩带相应的个人计量计。

个人监测结果要逐个记录、存档，其保存时间不少于停止辐射工作后 30 年。

工作场所监测：为检验工作环境在连续操作时是否符合辐射安全要求，鉴别是否有异常或紧急情况发生，工作场所应进行常规监测。依据辐射源的特点和操作方式，常规监测应对工作场所中的辐射水平、空气中放射性核素的浓度以及表面污染水平等进行监测。

事故调查：为减少在紧急或事故情况下工作人员以及公众所受的照射，辐射工作单位必须根据设施的特点、出现紧急情况或事故的可能情况，制定出相应的应急或事故监测计划，配备相应的监测设备，并对人员进行培训。

监测质量保证：监测质量保证要贯穿于从监测方案制定起直到监测结果评价的每一个阶段。任何监测计划必须包含有质量保证计划，以确保做到仪器设备能正常工作，监测记录能得到及时妥善的保存，测量所需的准确度能得到保证以及误差能得到合理的控制。

二、医院水的卫生管理

充足的水量、符合卫生学标准的水质，不仅可以满足医务人员及病人的需要，而且在保证医疗用水，维持个人卫生，改善环境卫生，防止公水污染及院内感染的发生，促进病人的康复等方面，都有十分重要的意义。

（一）医院饮用水的管理

1. 医院饮用水的基本卫生学要求

（1）感官性状良好，外观对人体的感官无不良刺激、透明、无色、无臭、无异味，为饮用者所采用。

（2）流行病学上安全，水内不含有病原体和寄生虫卵，不致引起公水传染病和院内感染的发生。

（3）水中化学物质不会使水的感官发生恶化，也不至直接危害人体健康。

（4）水量充足使用方便。

2. 我国生活饮用水卫生标准规定

医院生活饮用水包括城市公共集中给水、自备给水、分散式给水。1979年《中华人民共和国环境保护法（试行）》中对《生活饮用水卫生标准》有规定。

医院是一个用水量较大的单位，应设有完整的给水排水系统，医院水的管理包括两个方面：保证为业务用水和生活用水提供合乎水质卫生标准的充分水量；要对污水排放进行无害化处理，以免污染水源和环境，影响人群健康。

3. 医院饮用水消毒处理

为使医院饮用水质符合细菌学标准，经沉淀和过滤后的水，还必须进行消毒

处理。常用的消毒方法有：

（1）煮沸消毒是最简便而效果最可靠的饮用水消毒方法。水加热到 70 摄氏度数分钟可杀灭肠道传染病的致病菌。当水加热到 100 摄氏度沸腾时，就可杀灭芽孢。

医院应保证病人的开水供应，对重症及行动不便病人应按时送水，门诊病人口杯应严格消毒，或采用一次性水杯。

（2）氯消毒，有效氯具有杀菌作用，常用氯制剂有液态氯、无机氯制剂和有机氯制剂三种。

1）常氯消毒是目前常用消毒方法，适用于水源卫生防护情况较好、水质澄清、没有严重污染的情况下的常规消毒。要求加氯量范围在 1 ～ 3mg/L，不超过 5mg/L。加氯后经一定的消毒时间（常温 15 分钟，低温 30 分钟），水中维持总余氯量在 0.5 ～ 1mg/L。多用于自来水厂、医院井水、缸水消毒。

2）超氯消毒加氧量是常氯消毒的 10 倍或以上，余氯可达 1 ～ 5mg/L，适用于紧急情况下或地面水有严重污染时。

3）析点消毒法常用于较大自来水厂的饮水消毒。

（3）碘、澳消毒，运用于紧急情况下，一时性饮水消毒或用于医院赴野外小集体或个人饮水消毒。

其他如臭氧消毒、二氧化氯消毒、银消毒、紫外线消毒、高锰酸盐消毒、脉冲消毒、超声波消毒等，在医院饮水消毒中不常用。

4. 医院食具消毒

医院住院病人食具和门诊如口腔科、放射科等用杯应严格进行消毒。常用消毒法有：

（1）煮沸消毒，此法简单可靠，适合于各种餐具消毒，要求餐具在沸水中煮 3 ～ 5 分钟，预防病毒性肝炎须煮沸 30 分钟以上。煮沸时注意餐具直立放置，水应浸没餐具以保证消毒效果。餐具消毒后应注意抹布的消毒以防再次污染。

（2）蒸气消毒，蒸气消毒一次餐具量较大，适用于病房集中消毒。但应注意保证蒸气的温度和消毒时间。有实验证明，流动蒸气 90℃，10 分钟可杀灭鼠伤寒杆菌、福氏痢疾杆菌、大肠杆菌、梭形变形杆菌等。

（3）洗烫消毒运用于医院某些炊具消毒。

（4）化学消毒，漂白粉、高锰酸钾、碘、过氧乙酸、次氯酸钠等消毒，只运用于不宜采用加热消毒的餐具及临时用消毒。

（二）医院污水的管理

医院污水的水质成分较复杂，水质指标的波动也较大，就污染物的种类及其浓度而言与一般城市污水相近。但由于医院自身的特点，医院污水不经处理即进行排放，势必会影响和污染环境，造成对人民身体健康的危害。

1. 医院污水的排放量及来源

（1）生活污水来源于医院办公室、宿舍、浴室、厨房等污水及天然雨水，这类污水性质与居民生活污水相似。

（2）含病原体污水来源于病房、诊疗室、手术室、化验室、清理解剖室、厕所等，污水含有多种病毒、细菌、寄生虫卵，是医院污水重点处理对象。

（3）含放射性污水主要来源于医院诊断、治疗、科研中使用的短半衰期放射性同位素，如同位素室、化验室等。

（4）有毒污水主要来源于临床检验，药物制剂，含有废试药、消毒洗涤剂、有机溶剂、酸碱和重金属等有毒污水。医院污水中一般有机物质约占污染总量的60%，不溶解物质约占40%。

2. 医院污水的净化处理与消毒

医院污水的净化处理就其工艺流程来说一般可分为一级处理、二级处理与三级处理。医院污水的净化处理也可提高消毒效果，节省消毒剂的使用。

医院污水的一级处理也称机械处理，是指经过过滤或沉淀方法去除污水中悬浮物、有机物、病原体的净化方法，如设置化粪池或沉淀池，经一级处理一般可去除悬浮物40%～70%，有机物25%～40%，细菌2.5%～7.5%，病毒3%。

二级处理也称生化处理，是利用生物氧化法净化污水。其原理是利用需氧微生物群自身新陈代谢过程，使污水中的有机物分解、氧化，除去污水中溶解的胶状有机物和病原体，使污水得到净化。此法常用的建筑物有曝气池、生物滤池、生物转盘、生物接触氧化池、氧化渠等，经二级处理可去除有机物50%～80%，细菌90%～95%，病毒90%～96%。

三级处理，即应用过滤、混凝、活性炭吸附、离子交换等物理化学净化方法，使之无害化。三级处理只用于排放条件要求很高的医院的污水处理。

医院污水经净化处理后，只能去除部分的致病微生物，因此尚应进行消毒处理。污水常用的消毒方法有：

（1）加热消毒法，此法消毒彻底，可用于少量污水的消毒，但此法浪费能源，费用高，产生臭味大，不宜常规采用。

（2）紫外线消毒法设备操作方便、卫生，没有在水中加入化学物质的问题。但此法对水质要求高，一般消毒效果不理想，故不常用。

（3）臭氧消毒法消毒效率高，无残留物二次传染，操作简单，原料来源方便，但设备投资费用较高。本法是一种有前途、较理想的消毒方法。

（4）加氯消毒法目前常用的有液氯及次氯酸钠两种。液氯价钱便宜，使用方便，但此法毒性较大，管理不妥，缺少防护措施，易发生危险；次氯酸钠消毒效果可靠，设备使用安全，经常维持费用不高，可在医院中推广使用。

（5）辅照消毒法如用印钴辅照消毒，效果可靠安全，不受温度、酸碱度、压力等因素影响，在一般情况下不会产生二次放射性污染。但此法投资大，安全防护要求较高，辐射来源有限制，单位处理费用高。

（6）其他化学消毒方法如氢离子浓度、二氧化氯、碘和铬重金属离子等。

医院污泥因含有大量病原体，不能直接用于施肥或随便废弃，应采用高温消化，如太阳能、高温堆肥、化学或放射等方法处理。

医院放射性污水，可采用储存衰减法处理，使其自行衰变。待符合规定排放标准后，方可排放。医院常用的放射性同位素，可储存于地下专用衰变水池内，贮存时间为 10 倍于半衰期。如果放射性污水浓度很低，水量很少，也可用稀释法处理。

3. 医院污水排放标准

医院污水的排放标准应执行国家《污水综合排放标准》和《医院污水排放标准》中的有关规定要求。医院污水经处理与消毒后，应达到下列要求：

（1）连续三次各取样 500mL 进行检查，不得检出肠道致病菌和结核杆菌。

（2）总大肠菌群数每升不得大于 500 个。采用液氯消毒时，有关接触时间和余氯量：综合医院污水及含肠道致病菌污水，接触不少于 1 小时，总余氯量 4～5mg/L；含结核杆菌污水，接触不少于 1.5 小时，总余氯量 6～8mg/L。

（3）污水处理构筑中的污泥，必须经过无害化处理，污泥排放时应达到下列标准：

1）蛔虫卵死亡率大于 95%；

2）粪大肠菌值不小于 0.01g；

3）每 10 克污泥（原检样中），不得检出肠道致病菌和结核杆菌。

4）无上、下水道设备或集中式污水处理构筑物的医院，对有传染性的粪便，必须进行单独消毒或其他无害化处理。

4. 设计要求

（1）医院应设计集中式污水处理构筑物，严格采用渗井、渗坑排放污水。

（2）医院职工生活区和行政区的污水，应与病区的污水分流。

（3）医院污水处理构筑物的位置，宜设在医院建筑物当地夏季最小频率风向的上风侧，与周围建筑物之间宜设绿化防护地带。

（4）处理建筑物的设计，应满足下列要求：

1）采取防腐蚀、防渗透措施；

2）确保处理效果，安全耐用；

3）操作方便，便于消毒和清掏，有利于操作人员的劳动保护。

（5）绿化法消毒系统的设计，应满足下列要求：

1）备有发生故障时的应急设施；

2）使用液态时，应有安全设施，严禁直接以钢瓶向污水中投加氯气。

5. 医院污水的管理要求

（1）医院必须对污水、污泥严加管理。未经消毒或无害化处理，不准任意排放、清掏，用作农肥。

（2）医院污水处理设施应定期维修，保证正常运转，当处理设备发生故障时，必须采取适当措施，确保污水仍能按标准要求排放。

（3）医院污水处理设施，应配备管理人员和检验人员。

（4）医院污水的检测，应符合下列要求：

1）余氯：连续式消毒，每日至少监测两次，间歇氏消毒，每次排放之前监测；

2）总大肠菌群数：每两周至少监测一次；

3）传染病和结核病医院，应根据需要增测致病菌。

（5）各级卫生防疫部门，应对辖区内医院的污水、污泥处理情况，进行经常性卫生监督，每年抽查不得少于两次。

（三）医院污水处理设计规范

1. 总则

（1）医院污水处理工程必须按国家计委、国务院环境保护委员会颁发的《建设项目环境保护设计规定》等有关标准、规范进行设计和施工。

（2）各类医院以及其他医疗卫生机构被病菌、病毒所污染的污水都必须进行消毒处理。

（3）含放射性物质、重金属及其他有毒、有害物质的污水，不符合排放标准时，必须进行单独处理后，方可排入医院污水处理站或城市地下水道。

（4）医院污水处理设施，必须与主体工程同时设计，同时施工，同时投入使用。

（5）医院污水处理设施应具有处理效果好，管理方便，占地面积小，造价低廉等优点，应避免对周围环境造成污染。

（6）经处理后的医院污水，其出水水质必须符合《医院污水排放标准》等国家规定的要求，排入地面水域的医院污水，还必须符合《地面水环境质量标准》《污水综合排放标准》等国家现行的有关规定的要求。

2. 一般规定

（1）医院的分项给水量应按《建筑给水设计规范》GBJ15—1988确定。

（2）医院的综合排水量、小时变化系数，与医院性质、规模、设备完善程度等有关。

（3）医院污水处理流程及构筑物应尽量利用地形，采用重力排放。

（4）在采用一级处理流程时，医院污水应与生活区污水、雨水分流；在采用二级处理流程时，部分生活区污水与医院污水合流进行处理。

（5）医院污水处理设施应有防腐、防渗漏及防冻等措施。各种构筑物均应加盖，密封时应有透气装置。

第六章　新形势下医院档案管理

第一节　新形势下医院档案管理现代化问题及相应对策

一、新形势下档案管理现代化的意义

医院档案管理是对医院的档案资料进行收集、整理并汇总的过程。档案资料是医院宝贵的资源，它涉及医院对患者的临床服务、科研实践以及医院整体的运作。伴随社会的发展，传统的管理模式已经无法适应高速发展的社会需要，亟待进行现代化改革，从而提高档案管理的水平，顺应社会的发展趋势。

二、医院档案现代化管理系统的基本构成

（一）档案储存管理子系统

档案存储子系统的主要功能是对档案资料进行自动的编码、分配和归档，实现档案存储工作的自动化，极大地减轻了管理人员的录入工作强度。而且存储的现代化还能够实现快速的错误纠正，有利于档案的动态管理。

（二）档案查询管理子系统

查询管理是档案管理工作的重要方面，是档案利用的关键环节，其查询的速度和准确性是衡量查询质量的重要指标，该子系统的应用能够辅助管理人员实现档案存储信息的快速调阅，提高查阅效率。

（三）档案安全管理子系统

档案安全管理子系统的主要作用就是保证档案的安全性，通过现代化的电子安全技术来对档案进行保管。具体来说，就是对数据的存储、管理等进行安全监控，发现问题及时发出警报并采取针对性的锁定措施，从而实现对档案信息的安全防护。

三、新形势下医院档案管理现代化存在的主要问题

（一）档案信息的收集管理紊乱

在信息采集方面，存在医院科室各自为政的局面，仅负责各自分管范围内的

信息采集，导致信息的联系性受到破坏，还需要通过后期的档案整合形成完整资料，增加了大量的重复工作，不利于档案管理的效率提升。

（二）管理工作人员专业性较低

档案管理是一项任务量较大，数据性较强的工作，对于管理工作人员来讲，需要有极高的专业素养。然而，在实际的工作中，以医疗服务为核心的理念使许多人对档案管理存在轻视心理，没有给予应有的重视，导致人员大多兼职或临时充当，工作积极性不足，专业性缺乏。

（三）缺乏医院档案的安全意识

医院档案资料涉及内容较为广泛，数据较为复杂，然而对医院的整体却十分重要。现今医疗工作人员对于各种资料的保护意识不够强烈，尤其是各科室分散管理的部分，科室成员对档案资料的借阅与归还并不做任何记录，很容易导致资料的缺失，影响信息资源的管理。

（四）档案现代化管理推进缓慢

尽管信息化工作在不断推进，但是仍然有相当比例的医院和科室采取传统的档案采集、管理模式，即信息采集大都是靠手工采集，管理也是纸质版存储、人工查阅为主，导致数据的准确性很难保证，查阅效率相对低下，不能适应新的发展趋势。此外，针对医疗器械的档案管理同样存在此类问题，导致器械的维护难度增加。

四、新形势下促进医院档案现代化管理的相关措施

（一）完善档案管理体制

总体来看，医院档案类别众多，内容繁杂，牵涉到的人员和科室广泛，进行档案管理必须依托完善的管理机制，从提高管理水平的角度对涉及档案的信息采集、整理、存储和利用等多方面进行制度、流程的制订，构建合理的档案管理体制。在此过程中，档案管理人员要积极听取各方面的意见和建议，在档案管理中积极和相关人员进行沟通和交流，不断完善档案管理，保证档案管理的流畅性和系统性。

（二）不断提高档案管理人员的专业水平

档案管理人员在档案管理的现代化中充当极为重要的角色，是各类措施的执行者和现代化设备、系统的操作者，其专业性直接决定档案管理现代化的实

现程度。

（三）加强对档案管理现代化设备的使用

档案管理现代化的发展前提是信息技术的革新和应用，因此，医院应该积极引进各种新的档案管理技术，借助现代计算机的发展和信息的快速传播，建立相应的现代化档案管理体系。

（四）给予档案现代化应有的资金支持

档案管理现代化的实现需要软硬件兼备，不但要有先进的档案管理软件，还需要有现代化的库房、机器设备等，这一切的实现都离不开资金的支持。所以，医院应该保证管理现代化所需的软硬件的购置、人员培训等方面的费用，给予现代化建设应有的资金支持，促进档案管理的发展。

（五）做好档案的信息保护工作

将档案置于数据库中保存，一旦程序出错，将导致数据错误、丢失。而且各类网络漏洞、病毒等都会对档案存储造成极大的影响。所以，对档案进行信息化的安全防护是极为必要的，是档案管理的重要内容。具体来说，一方面，医院要致力于新的防火墙技术的开发，让档案信息的保存更安全、更可靠；另一方面，医院要提升信息的安全保护意识，加强对档案的保护措施的制定和落实。

第二节　新医改下医院档案管理的改进方法

医院是卫生事业的重要组成部分，通过医疗、预防及康复服务，使患者恢复健康，增强体质，保障社会劳动力的健康，同时注重经济效益，以增强医院实力，提高为病人服务的水平与效果。档案是医院管理工作中重要的资源，记录着医院各项工作，是医院运营、发展过程中必不可少的资料载体，对医院的行政管理工作、学术研究、科技交流和法律纠纷等都发挥着至关重要的作用。

一、建立完善的医院档案管理制度

完善可行的管理机制是医院档案管理工作顺利展开的重要保证，也是医院正常运转的基本前提。首先，档案管理人员必须树立管理出效益的意识，制订合理可行的档案管理制度机制，包括约束机制和奖罚机制，不仅可以有效约束档案管

理人员的管理行为方式，还能有效地通过奖罚机制提高管理人员工作的积极性。其次，医院应该结合自己的实际情况，优化内部结构、制定工作人员管理条则，为医院档案管理的良好发展奠定基础。最后，医院要改变传统的档案管理工作认识和方式，加大对档案管理工作财力、物力、人力投入，提高档案管理的效率。

二、提升档案管理人员的专业素质

首先，医院要加强管理人员的管理技能实践训练，针对具体的岗位发展的需求，经常性地开展各种岗位操作训练，让档案管理人员真实体验到岗位工作实践的全部过程。其次，提高档案管理人员发现问题、分析问题和解决处理问题的能力。加强档案管理人员之间的互动和沟通，培养他们的合作、沟通意识，这些都是作为高素质人才必备的基本素质。最后，应该加强实训岗位的建设，并要建立合理的考核体系，检验档案管理人员素质培养的成果，将理论、实践测试等多种方式能力测试相结合，注重人才素质的全面考核，将其培养成应用型创新人才，为医院档案管理工作的开展创新提供动力。

三、加强医院档案管理的信息化建设

首先，在信息时代背景下，医院档案管理需要建立网络化、多元化的组织机构，在基于人性化管理的基础上提高自身管理的效率，实现管理者和管理事务之间的权利、义务的平衡。其次，构建适合医院内部管理发展需求的档案信息资源网络服务平台，为档案管理工作提供更便捷、更人性化的条件，集档案资源信息的存储、处理、通信和交互于一体。最后，现在已经进入"互联网＋"网络时代，智能手机已经逐渐成为人们信息获取的主要途径，医院的档案管理工作中，可以通过微信公众平台、微博等为单位内部建设提供全方位数字化的档案服务，也可以适当地开放给社会民众，提高医院的档案管理水平，为医院更好的发展奠定基础。

综上所述，档案是医院运营、发展过程中必不可少的资料载体，促使档案管理建设与医院总体发展方向保持高度的一致性，对提高医院管理的整体水平，促进学术研究、科技交流等发挥着积极的作用。医院需要建立完善的档案管理制度，提升档案管理人员的专业素质，加强档案管理的信息化建设，加大对档案管理工作财力、物力、人力投入，建立网络化、多元化的组织机构，为医院档案管理工作的开展创新提供动力，提高医院的档案管理水平，为医院更好的发展奠定基础。

第三节 新形势下医院档案管理工作的新思路

一、拓展档案服务领域

档案管理的终极目的是提供档案利用，使其发挥潜在的社会效益和经济效益。因此，医院档案管理工作者应通过编制多种检索工具，开展编研工作，提供主动服务，加强各级医院信息的横向联系，提高档案信息利用率。同时，还可以经常举办医学档案信息相关讲座，结合医院在不同时期对档案信息的不同需求，积极拓宽科研选题新思路，主动为医院临床、科研或教学工作提供服务。

二、加强业务培训，提升管理意识

医院档案管理情况的好坏与相关人员的素质能力具有十分紧密的联系，医院档案管理部门要对档案管理者进行集中培训，规范他们的行为和工作，定期教给他们现代化技术的应用模式，保证他们具备较高的专业素养。在此基础上，医院还要树立档案人才培养的新模式，将档案人员培养纳入医院人才培养计划之中，定期对他们进行考核，调动他们的工作热情，提高他们对档案管理工作的重视度。

三、引进现代化管理

利用智能化、技术化新设备是医院档案管理的发展新趋势，医院要加大资金投入数额，发挥计算机、网络的优势作用，解决以往纸质档案保管的难题，开设电子文档，提高查找资料的速度和效率。另外，在档案管理中还要实施人事档案和病例档案的信息化管理，将两者分开进行，各部门都要单独建立数据库，以防止资料混杂的问题，并做好网络安全防范，预防黑客入侵。

综上所述，在新医改方案的实施下，新的医疗改革形式已经出现，医院档案管理工作要坚持创新，改变过去的管理弊端，利用现代化技术进行档案管理。与此同时，医院还要强调对人才的培养，调动他们的工作积极性和热情，研究出档案管理的新思路，促进医院服务能力的提高。

第四节 档案管理模式改革在医院档案管理中的应用

作为国家档案的重要组成部分，医院档案存储了大量医疗方面的科技成果，同时也记录了医院发生的重大事件，为医学科研工作的开展提供了重要数据支持。近年来，我国医疗事业取得了显著发展，大大增加了医院档案的数目，对档案管理工作也提出了更高的要求。实际上，我国的医院档案管理工作仍然存在不少问题，对档案管理工作及医院自身的发展造成了严重阻碍。

一、对医院档案管理工作予以高度重视

为促进医院档案管理模式改革，提高管理质量，首要改革的一项内容便是加强医院各级工作人员对档案管理工作的重视，将档案管理的重要性详细告知管理人员。例如，设备档案可向医院提供更为准确的信息，帮助医院领导做出合理决策，在将医疗设备的效能充分发挥出来的基础上，有效避免设备的重复购置以及闲置等问题的出现，而且医疗设备的正常运行也离不开档案的支持，这是因为在维修、保养医疗设备时，需要查阅操作手册以及线路图等信息；而会计档案为医院各项经济业务情况的重要记录资料，只有做好会计档案管理工作，才能为医院财政记录的检查提供科学、可靠的凭证。

二、加快健全档案管理体制

为充分做好医院档案管理工作，促进管理模式改革，医院管理人员还应加快健全档案管理体制。在开展此项工作前，首先要对档案管理人员的工作职责进行明确，并安排专人来收集并保管好各类档案；其次要全面推行并落实责任追究制。医院为防止出现档案改动及丢失等情况，需要加快档案工作管理制度的建立，全面落实责任追究制，做好材料接收、转入有机档案查阅等登记工作。

三、大力开展医疗设备档案信息化与数字化管理

当前，医院档案信息的数量呈现日益升高的趋势，亟待人们建立起以电子档案为主的信息化管理体系。医院为了充分满足电子建档的相关要求，首先就需要及时更新以往的档案管理理念与模式，使工作人员对信息化档案管理的高效性有一个充分了解，在将高效信息化管理流程进行整合的基础上，充分降低档案管理

人员的工作压力，实现管理效率的提升。同时还需要做好档案资料的收集，以及档案信息指标的确立等方面的工作。此外，还应加快配套软件系统的建立，维护并备份档案信息数据。通过科学制订医院档案信息核心指标，严格开展档案的归纳及管理，从而实现档案使用价值的提高。

四、加大医院档案服务模式的更新力度

当前，医院档案管理的信息化需求呈现出不断上升的趋势，医院此时就需要拓展档案管理服务工作，对档案的服务方式进行调整，例如，在开展医院文化建设方面，可以利用照片档案为院史编撰提供详尽的第一手资料，在医院宣传方面提供全方位的信息，有效发挥照片档案的教育和引导功能，在促进工作效率提高的基础上，促进医院文化与经济的和谐发展。此外，医院还需对自己的资源进行充分利用，努力拓展医院服务，积极到科室开展调研了解工作，改变服务模式，加大上门服务的开展力度，创新档案服务方式，积极提高档案利用价值。医院档案部门应根据社会档案的需要进行改革，做到与时俱进促进服务方式的创新，主动为医院各部门开展更好的服务，充分利用已经掌握的档案资源，广泛地、多层次地为医院职能科室及临床科室服务，以提高档案管理工作效率，促进医院的可持续发展。

五、加强档案管理队伍建设

为将医院档案管理人员的工作积极性充分发挥出来，促进其综合素质的提高，医院就应对员工的生活与工作予以充分关心，加大对其培养力度。首先，组织部门每隔两年左右举办一次业务知识培训，使其对现代化档案管理工作的重要性产生深刻认识，并对档案材料的整理、鉴别及归档等技术有一个全面的掌握。其次，做好专职与兼职档案管理人员的配置工作，将其工资待遇落到实处。为统一规范干部档案管理的外在形式，确保档案内容的真实性、完整性及实用性，应建立起一支熟悉各项医院档案业务且责任心强的管理队伍，通过实行奖罚制度，将其工作热情充分激发出来。

参考文献

[1]　曹荣桂.医院管理新编 [M].北京：北京大学医学出版社，2009.

[2]　叶文琴.现代医院护理管理学 [M].上海：复旦大学出版社，2005.

[3]　林辉.互联网＋医疗健康时代医院管理创新与发展 [M].北京：清华大学出版社，2016.

[4]　陈凌芹.绩效管理 [M].北京：中国纺织出版社，2004.

[5]　唐维新，易利华.现代医院绩效与薪酬管理 [M].北京：人民卫生出版社，2005.

[6]　王景明.医院管理新模式 [M].北京：人民军医出版社，2015.

[7]　刘颖，杨文堂.绩效考核制度与设计 [M].北京：中国经济出版社，2005.

[8]　牛江平.医院基本管理制度与规范 [M].广州：广东人民出版社，2008.

[9]　黄雨三.医院档案管理实务全书上 [M].长春：吉林电子出版社，2004.

[10]　黄雨三,张勇.医院档案管理实务全书（中）[M].长春：吉林电子出版社，2004.

[11]　黄雨三,张勇.医院档案管理实务全书（下）[M].长春：吉林电子出版社，2004.

[12]　付亚和，许玉林.绩效管理 [M].上海：复旦大学出版社，2003.

[13]　董欣，曲静，张真.新形势下医院档案管理现代化问题及相应对策 [J].办公室业务，2017（1）：107.

[14]　尹晓丽，房向东.新医改下医院档案管理的改进方法 [J].办公室业务，2016（7）：126.

[15]　马茂盛.新医改背景下医院档案管理的改进方法探究 [J].黑河学刊，2016（5）：20-21.

[16]　张琳.新形势下医院档案管理工作的新思路探究 [J].中国管理信息化，2016，19（20）：180.

[17]　陈小莉.探析新形势下医院档案管理信息化建设的创新思路[J].办公室业务，2014（3）：183.

[18]　丁红.新形势下医院档案管理现代化问题及相应对策[J].中国现代医生，2014，52（2）：116-118.

[19]　孙涛，陈小玚.办公自动化环境下医院档案管理探讨[J].中国病案，2014，15（1）：51-53.

[20]　王欢.档案管理模式改革在医院档案管理中的应用[J].安徽农业大学学报（社会科学版），2014，23（4）：66-69.

[21]　韦群慧.综合性医院档案管理的现状与发展对策[J].医学理论与实践，2014，27（19）：2658-2660.

[22]　边俊士，张伟.医院信息化与医院档案管理现代化现状分析[J].中国当代医药，2012，19（2）：165-166.

[23]　胡桂周.关于医院档案信息化建设的探讨[J].中国病案，2012，13（3）：43-44.

[24]　张秀良.新医改下医院档案管理的改进方法[J].科技资讯，2012（6）：219-221.

[25]　张惠琴，陈春红.新时期下如何做好医院人事档案管理工作[J].当代医学，2012，18（16）：28-29.

[26]　李刚仲.计算机技术的运用在医院档案管理中的应用分析[J].中国医药指南，2012，10（30）：686-687.

[27]　和赣红.档案信息化建设在医院档案管理中的价值及地位[J].中国市场，2012（41）：72-73.

[28]　许剑波，姚云华.医院档案信息化建设的现状与对策[J].中国现代医生，2010，48（1）：87-88.

[29]　刘承志，朱洁，吴蔚.医院档案信息化建设探讨[J].中国病案，2010，11（12）：53-54.

[30]　曾永辉.新形势下医院档案管理工作的新思路探究[J].中国当代医药，2013，20（11）：143-144.

[31] 彭淑珍.以知识管理为导向构建医院档案管理体系 [J].现代医院，2013，13（8）：148-149.

[32] 李萍.医院档案管理的现状及对策 [J].中国医药导报，2011，8（3）：125-126.

[33] 董新刚.医院档案管理工作中存在的问题及对策 [J].中国继续医学教育，2015，7（1）：33-34.

[34] 生国栋.探究新医改下医院档案管理的改进措施 [J].中国卫生标准管理，2015，6（6）：1-2.

[35] 张爱曾.新医改下医院档案管理的改进方法分析 [J].中国农村卫生，2015（6）：68-69.

[36] 阮美丽.医院档案为医院持续发展提供正能量 [J].中国医学创新，2017，14（27）：145-148.

[37] 阮美丽.档案对医院文化建设的重要作用 [J].河南医学研究，2017，26（19）：3505-3506.

[38] 邱琳.浅谈医院档案在医院管理中的价值和地位 [J].办公室业务，2017（9）：83-84.

[39] 郭盼盼，景洪.浅谈医院档案在医院管理建设中的作用 [J].办公室业务，2014（5）：192.